法廷に臨む

法廷に臨む

——最高裁判事として

深澤武久著

信山社

はしがき

私は約四〇年の弁護士生活を経た平成一二年九月一四日に最高裁判事に任命され、七〇歳の誕生日の前日である平成一六年一月四日に定年によって退官した。

約三年五ヶ月の裁判官生活をしたが、これまで、外から眺めていた裁判所に入ったのであるから、はじめて経験することばかりで見るもの聞くものが目新しく、好奇心を刺激されることが多かった。

退官して友人、知人、若い弁護士、かつての依頼者などと接しているなかで、弁護士を含めて市民の間でも、最高裁判所というものがあまりにも知られていないのではないかと感じるようになった。

ある人には「最高裁判事はどういうことをしているのですか?」「選挙のときに〇×をつけるあれですね」と言われたこともあった。

法科大学院が発足して、法曹養成制度が大きく変わり、法曹人口の増加についての議論が交わされ、その問題点が問われるようになり、また「裁判員の参加する刑事裁判に関する法律」にもとづく裁判員裁判が平成二一年五月二一日から発足することになり、加えて、民事、刑事の総合的な支援体制を定めた「総合法律支援法」にもとづく法テラスも発足するなど、着々と司法改革が進行して、市民の司法に対する関心も高まりつつある。

市民や中・高校生、大学生、また法学部で学ばなかった人や社会経験を経た後に法曹を目指して法科大学院に進んだ人たちにとって、最高裁についての情報を得ることが少ないのではないかと感じながらも現職を退いた安堵感のなかで時がすぎていった。

退官後、弁護士登録をして間もない若い弁護士諸氏や法曹を目指す若い人たちと交流が多くなった。私の在任期間は三年五カ月と短く、その間の体験も、知り得たこともきわめて限定的なものであって、私の理解が間違えていることがあるかもしれないと思いつつも、四〇年の弁護士生活を経た後に最高裁に身をおいた者として、最高裁の組織や裁判の仕組み、在任当時の最高裁判事の生活、仕事ぶり、そこで考えたこと、感じたことなどを伝えることも若い人たちの参考になるのではないか、そうすることが私をここまで育ててくれた弁護士会や、母校中央大学をはじめとする多くの方々に対する恩返しになるのではないかとも考えるようになった。

退官後、時が過ぎ、反省も深まった中で、主として若い人々に伝えておきたいと思うこと等を散文的にまとめたのが本書である。

司法と最高裁判所について広く知られる契機になれば幸いである。

二〇一一年二月

深澤武久

目次

6 オウム真理教信者の転入届
平成一五年六月二六日判決　同年(行ヒ)第三四号　転入届不受理処分取消請求事件……148

7 弁護士が委任事務処理の前払い費用を預かった場合の保管について
平成一五年六月一二日判決　同一三年(行ヒ)二七四号
債権差押処分無効確認請求事件……151

8 司法書士会の復興支援金決議の有効性
平成一四年四月五日判決　同一一年(受)七四三号　債務不存在確認請求事件……155

9 非嫡出子の相続分
平成一五年三月三一日判決　同一四年(オ)一九六三号　預金返還等請求事件……164

10 JR不採用事件
平成一五年一二月一五日判決　同一三年(行ヒ)第九六号等……170

11 新潟女性監禁事件
平成一五年七月一〇日判決　同年(ア)第六〇号八八号
略取逮捕監禁致傷窃盗被告事件……180

12 強盗の実行行為者が刑事未成年者の場合強盗の共同正犯が成立するか
平成一三年一〇月二五日判決　平成一二年(あ)第一八五九号　強盗被告事件……186

法廷に臨む

第一部　最高裁判所判事として

Ⅰ　法廷に臨む

最高裁裁判官の仕事は、法廷における仕事よりも、事件記録を検討して審議をすることに時間を費やすことが多いが、弁護士から裁判官になって最も変わったのは、法廷の主宰者になったことである。法壇の上と下では異なる人生が展開するというほどの違いを感じた。そこではじめに法廷、次いで事件処理に関することから述べることにしよう。

一　第一小法廷

先任裁判官

最高裁は長官を裁判長として、全裁判官で構成する大法廷と五名の裁判官で構成する三つの小法廷がある。各小法廷は独立しており、小法廷ごとに審議のしかた、裁判官の交流、調査官や事務総局との付合い方、宅調日を設けるか、定期的に会食をするかなど、異なったしきたりや雰囲気があるといわれるのだが、どのように違うのかお互いによくわからない。

審議の進め方が違うということは調査官から聞くのだが、その詳細はなかなか教えてもらえない。例えば、審議に際して、主任裁判官が詳細なメモを作って各裁判官に交付するかどうか、判決に当用漢字以外の漢字を使うかどうか、審議の前に各裁判官が調査官と詳細な打ち合わせをするので、審議の結果の予測ができる小法廷と、まったく予測ができない小法廷があるというようなことである。

また、持ち回り事件から審議事件に回る割合も、小法廷によって違いがあるそうだ。これは、小法廷を構成する各裁判官の個性や裁判官が交替していく中で、従前のやりかたが踏襲され、それが各小法廷のやりかたの違い、伝統といわれるものになっているのだろうと思われる。

各小法廷で一番先に就任した裁判官が先任裁判官として、他の小法廷との折衝、秘書課、事務総局との交渉、審議スケジュールの調整、それについての調査官室、書記官室との連絡など、裁判体と事務方との連絡、調整にあたるので、他の裁判官はそれらの対応に煩わされないで裁判に集中することができる。

第一小法廷は、平成一二年に五名の裁判官のうち四名が交替したので、最高裁裁判官としての経験年数に差が少ない裁判官で構成されることになり、自由な雰囲気が強まり、審議における議論も前に比べると自由闊達でのびのびしたものに変わったように思われた。

会食

毎週水曜日は長官、全裁判官が、第二第月曜日は調査官、事務総局と交互にお昼の会食をする。裁判官は希望者が出席することになっているが、交流を深めるためにほとんど全裁判官が出席する。話題は法律問題や事件についてよりも仕事を離れた話題が多く、各人の見識や個性、人柄があらわれて、和気藹々の会食をする。

また、年に数回、各小法廷の裁判官と調査官全員との会食があり、調査官の自己紹介やエピソードの紹介があったり、審議の席では話しにくい話題もでたりして、裁判官としては有意義で楽しかったが、調査官は気を遣ってなかなかたいへんなようであった。

同じ小法廷の裁判官同士は顔を合わせる機会も多く、気心もよくわかりあえるが、小法廷が異なるとそのような機会が少ないので、事務局は、異なる小法廷の裁判官が万遍なく会食するように座席の組合せを工夫していたこともあって、会食は裁判官の交流に役立っていた。

事件数

私が在任中の平成一五年の裁判所データブックによると、平成一四年に最高裁が処理した上告事件の数は、

民事上告事件　　七、一六五件

一つの原判決に対して上告、上告受理申立てをしたものは、一、五六九件

刑事事件　　二、四三一件

民事、刑事の合計九六九七件を処理したことになる。大法廷事件は年に数件なので単純に三つの小法廷にわけると一つの小法廷が扱う事件は年間約三、二三〇件　一人の裁判官は約三、二三〇件の事件に関与し、その内、約六四六件の事件の主任裁判官（裁判長）になる。最高裁がこのように膨大な数の事件を処理していけるのは、調査官がいるからにほかならない。

調査官

私が在任した平成一五年七月一日当時の調査官は、主席調査官の外　民事一五名　行政七名　刑事一〇名合計三三名の判事又は判事補で、若い人で五～六年、主席調査官は三〇数

年それぞれ裁判官としての実務経験を積んできた優秀な人達であり、実務経験一〇〜二〇年くらいの人が中心的なメンバーだった。四名が女性だが皆人間的にも能力的にも優秀な人たちで仕事の面で男性、女性を意識するようなことはなかった。

調査官は各裁判官のスタッフではなく、事件ごとに担当調査官が決められ、調査官は担当した事件の記録を精査し、必要に応じて判例、学説を調べ、難しい法律問題があるときは調査官の間で検討したり、調査官会議で検討するなどして、その事件についての事実認定、法律上の問題点を指摘し一二審の判決、上告理由書のほか参考判例、資料などを添付した報告書を裁判官に提出する。報告書には問題点を指摘するにとどまるもの、問題点を指摘したうえ調査官としての一応の結論を示すものなど様々である。事件の内容にもよるが、調査官の性格、考え方によることもあるように思われた。

年間九、〇〇〇件を超える事件を限られたスタッフで、しかもできるだけ迅速に処理するために、調査官は上告理由、上告受理申立て理由のないことが明白であると判断した事件については、審議期日を省略して裁判官の持回りで処理する持回り相当事件として、審議相当事件と区別した報告書を主任裁判官に提出する。

また、弁論期日や判決言渡期日には傍聴席で事件の進行を見守っている。

このように調査官の仕事量は多くオーバーワークになっている。司法改革によって法曹人口の増大が見込まれるのであるから、裁判官はもちろん調査官も増員すべきである。調査官に若手の弁護士や学者の登用を検討したらどうかという意見もあった。難しい問題はあるが検討に値するのではないだろうか。

審　議

審議相当事件の報告書は各裁判官に配布される。各裁判官は報告書を読み、記録を検討して疑問があれば調査官と意見交換をしたり、問題点について再調査や資料の追加調査を命じる。その結果、調査官と意見が一致することも、しないこともあるが、それらを参考にして各自、自分の結論をもって審議にのぞむ。

調査官との意見交換は一対一で双方が忌憚のないやり取りをするので審議とは異なった面白さと緊張感があり、調査官の個性、人柄、能力、考え方がよくわかりお互いに理解を深めることができる。

審議は各小法廷専用の評議室で五人の裁判官が円卓を囲み、調査官も出席して行われる。各裁判官は予め報告書を読み、必要に応じて調査官の意見を聞いたり、追加調査を求めたり、事件記録を取り寄せて検討し審議の準備をする。

判決の作成

審議の進め方は各小法廷によって異なり、主任裁判官が事前にメモを作成して配布する小法廷もあるときいたが、第一小法廷ではそのようなことはなく、各裁判官が審議に有益だと考えてメモを配布することはあったが、多くの事件では、席上まず主任裁判官が事案の概要を説明し、事実上・法律上の問題点を指摘して結論と、そこに至った理由を述べる。これをうけて各裁判官は、記録中の証拠や一審、原審における主張の有無や変遷などについて質問をし、意見を述べる。審議の結果必要があれば、調査官に判例や学説の状況などについて追加調査を命じることもある。多数意見が形成されなければ、さらに審議を重ねていく。審議はできるだけ全員一致を目指し、疑問点、問題点について資料を検討し、議論を重ねても意見の一致が得られない時は、少数意見となった裁判官は、意見の相違の重要性や事件の理解のための必要性などを考慮して、個別意見を書くかどうかを独自に判断する。

全員の意見が一致し、または多数意見が形成されたとき、調査官は審議経過にそった判決草案を起案して提出し、各裁判官は、それが審議にあらわれた事実認定、法律上の問題について正確に摘示されているか、表現、用語が適切であるかなど内容、形式を詳細に検討して判決を作成する。特に破棄差戻しをする事件のときは、原審が確定した事実はなにか、この表現はどのように解釈されるか、一義的な表現になっているか、判決の射程距離をどうとらえられるか、差戻された原審がどう処理をするか、他の事件にどのような影響をおよぼすか、この表現で判例として要旨をとりやすいかなどを検討して内容を決定する。そのため当初の草案が原型をとどめないことも珍しくはない。

世上、最高裁の判決を「調査官判決」などと評するむきがあるが、それは審議の実情からとおく離れたものである。

二　弁　論

審議が成立すると、弁論の必要な事件については、弁論期日を指定し弁論を行う。

原判決を変更するときは原則として弁論を行うが、弁論期日を開いても原判決が維持されることもある。弁論終結後、評議室にもどってただちに審議をして判決案を確定し、判決宣告期日を指定して判決を宣告する。

弁論は代理人または弁護人によって、提出した弁論要旨を読み上げるもの、自分の言葉で説得的に弁論するものから、「上告理由書記載のとおり」と述べるものなど様々であるが、自らの言葉で熱のこもった論理的な弁論が最も説得的であって、単に「上告理由書記載のとおり」というのでは、代理人または弁護人の責任を果たしたことにはならない。

裁判官は充分準備された、論理的で心のこもった弁論を期待しているのであり、それがあれば弁論後の審議もより慎重にならざるを得ないのである。また弁論をめぐって弁護士の品定めのような雑談がかわされることもあり、そのような中から自然と弁護士の評価がきまっていくこともある。弁護士たるもの常在戦場と心得て、夢々油断してはならないのだ。

三　持回り事件

持回り審議相当とされた事件は報告書と資料、事件記録が主任裁判官に提出される。主任裁判官は疑問があるときは調査官と意見を交換し、ときには追加報告書を提出させ、問題がないと判断したときは承認印を押捺して次の裁判官に回す。意見を付して回すこともあるが、その段階で審議相当事件として再調査を命じ審議に付することもある。五人の裁判官のうち一人でも審議相当という意見があるときは、報告書を再検討させたうえで通常の審議をする。持回り事件から通常審議をして、報告書とは異なる結論になることもある。そのようなことにならないよう主任裁判官として気を遣うところである。全裁判官の意見が一致したときは原則として定型的な判決書または決定書を送達して告知する。

四　定型判決

これについては例文判決として弁護士から批判されることがある。

次のような上告理由書があった。「本件上告は本来の上告理由である憲法違反、判例違反はないが判決に重大な影響をおよぼすべき事実誤認がある。したがって『適法な上告理由にあたらない』という定型的なものではなく刑訴第四一一条で職権破棄が定められている観点からも検討してその結果を記載してほしい。従来の決定書にはそれがないために被告人は弁護人が適法な弁護活動をしていないと誤解して、弁護活動に不満をもち司法制度全般について信頼しないことになる。刑事事件においては被告人が納得できる裁判をしていただきたい」というのである。

私も弁護士時代、これに似た感想を抱いたことがあるが裁判をする立場になって、それは無理だということがわかった。先に述べたように、一人の裁判官が年間三〇〇〇件を超える事件をできるだけ迅速に処理しなければならないことからすれば上告理由のないことが一見明白なものを含む全ての事件について、職権による破棄事項（刑訴四一一条）のないことについての説明を付することは殆んど法律的に意味がないし、なによりも物理的に不可能なのである。上告理由のないことが一見明白な事件についても、先に述べた持回り事件として、全裁判官によって慎重な審議がなされているのであるから、現状ではこのような処理のしかたを理解してもらうほかはないように思われる。これは民事事件においても同様である。

上告棄却決定

また、刑事事件の上告棄却決定に対する異議事件で「判決は、上告の趣意は量刑不当の主張であって刑訴四〇五条の上告理由にあたらないとあるが判決、決定の生命はその論理性にあり、理由がすべてである。実質的な理由の記載のない決定は最高裁の権威をおとし、当事者の納得も得られず、裁判に対する信頼をうしなわせるものである。」旨の主張がされた。

この事件を処理した日の私の日記には「そうは言っても現在の制度のもとでは上告理由のないことが明白な事件についてはそのような処理にならざるを得ない。すべての事件について当事者の納得を得られるような理由を記載することは物理的に不可能なほど事件に追われている。そこに実務を担っている者の辛さがある。また法律がそこまでの要求をしていないと考えられることを理由に自分を納得させている」とある。

結果として例文で処理されたとしても、結論に至るまでには充分な審議検討をするのであるが、形としては定型的なものにならざるを得ないのである。例えば、

(1)　接見禁止中の被告人が別事件の証人に採用されたため、別事件の弁護人が証人準備のため接見の一部解除申請をし、裁判所は三〇分の解除決定をした。

弁護人は時間が短いとして異議申立てをし、これが却下されたため即時抗告をした。

別事件の弁護人には、接見禁止解除の申立権はなく、職権の発動を促すものであるから即時抗告権がないことは明らかである。

しかし、例文による却下決定では、最高裁はこの種の弁護人の打ち合わせは三〇分あればよいとしたものと解釈されるおそれがあるので理由のなかでそうではないことを示すべきかについて議論したが、理由のない事件で論点から外れた部分について説明をするのは他の事件との関係でも適当ではないとして、例文による却下決定をした。

(2)　また公然わいせつ罪で勾留中の被告人について、同罪の法定刑の最高限が六月なのに勾留が八月におよんだとして勾留の取消しを請求した事件について原審は、勾留は刑の執行ではなく、円滑な裁判を実行するためのものであるから、両者は目的を異にすることを理由に請求を却下した。

法律的にはそのとおりだが、なんの説明もなく例文で却下したのでは、法律家でない人にはわかりにくいのではないか、なんとか説明する方法がないかと検討したが、上告審で憲法違反がないかぎりは例文でいくより他はないという結論になった。

結果として、例文で処理された事件でも結論にいたるまでは充分な審議検討をするのだが、上告理由のないことが明白なときは理由を示さない例文の決定にならざるを得ない。これは事件の多いことからすればやむを得ないと思うが、事案によってはきめ細かい処理ができないものかと考えさせられた。

最高裁判所は上告裁判所であって、上告理由は法律によって厳格に定められており、上告審はそれについて審議をするものであるという趣旨を関係者に説明することを弁護士に求めても無理を強いるものではないと思うがいかがであろうか？

五　法　廷

各小法廷には専用の法廷があるが開廷日は重複しないように毎年あらかじめ裁判官会議で定められ、第一小法廷の開廷は月曜日と木曜日で弁論期日は月曜、木曜、判決言渡期日は原則として第四木曜日とされていた。

各事件の主任裁判官がその事件の裁判長となるので事件毎に裁判長は変わることになる。裁判官は法廷の後ろの控え室で開廷準備が整う間、事件についての最終打ち合わせや、意見の交換ときには雑談をすることもあるが、開廷時間が近づくにつれて緊張感が高まる。

主任裁判官が裁判長として先頭になり、その後に就任の順に入廷し、裁判長が中央、中央から傍聴席に向かって右、左、右と着席する。一開廷日でも裁判長が変わるときは、一度退廷して改めてその事件の裁判長を先頭にして入廷する。

法廷のマナー

第一小法廷では、五人の裁判官が法壇に揃ったところで一礼をしてから着席し、裁判長が開廷宣言をするのが慣行になっていた。法廷の傍聴人、代理人、弁護人も起立して裁判官の一礼に答礼して着席するのが通常であった。これは法廷の秩序を保ち審議を円滑に進行させるためばかりではなく、これから訴訟行為をしていこうとする者どおしがはじめに挨拶をかわすのは、人間としてきわめて自然なことでありまた当然のことでもある。

思想的な問題を含んだ事件の判決言渡期日において、開廷前、法廷の全員が起立するなかで、上告代理人だけがひとり傲然と肩をいからせて着席をしたまま裁判官を睨み付けている。開廷宣言をすると立ち上がって「忌避理由にあたると思うので○○について釈明を求める」と発言した。

この事件は弁論をしないで判決言渡期日が指定されたので上告が棄却されることを予測して感情的になっていたのかもしれないが、法廷のマナーを守るのは法曹として当然のことであり、これを守らないのでは法廷における法曹として信頼関係を保つことはできない。それは主義、主張あるいは自己の主張が認められるか否かにかかわらないことだと思う。異なる意見を交わすことによって進歩を図る民主主義のためにも残念なことだ。弁護士登録後数年と思われる若い法曹であったからこれから研鑽をつんで健全な法曹に成長していくことを願った。

司法修習生と法廷

民事事件の弁論期日の開廷直前の控え室に「代理人から司法修習生を代理人席に着席させたい」との申入れがあった。開廷直前で充分議論する時間もなく「教科書裁判の上告人本人の家永教授が代理人席に着席することを認めたことはあるがそれ以外に先例がない」ので認めないことにする。

弁論後、代理人が「今日は最高裁から預かっている司法修習生を大阪から遠路同道した。最高裁の法廷を経験するよい機会と思い代理人席に着席させたいと申入れたが、容れられなかったのは残念だった」旨の発言がある。裁判長は「先例を墨守するわけではないが、先例もないことだし最高裁の法廷はそれだけ重いものだと考えて下さい」と述べた。

その後、別の民事事件で同様の要望があって検討した結果、司法修習生の地位、修習生を委託された弁護士の立場、代理人は修習生のためにその負担で地方から修習生を同行しておりその熱意を尊重しなければならないこと、事件の性質、事件におよぼす影響等を考慮して、その事件では、

・代理人席に余裕があること
・事件の性質、内容に照らして司法修習生の着席を認めても口頭弁論の手続の進行などに特段の支障がないこと
・被上告人側の出頭者との関係でも問題がないこと

などを理由に、司法修習生を代理人席に着席することを認めることとして、他の小法廷にその旨の連絡をした。組織の中で先例のないことを実行するためには、そのことの持つ意味や影響を検討しなければならないため、即時に対応することが難しいので、対応が遅れがちになるのはやむを得ないとしても、関係者のことを思い、適確・迅速な対応を心がけなければいけない。このような問題に対応する姿勢についておおいに反省するものがあった。

理由の告知

刑事訴訟規則三五条二項は、「判決の宣告をするには、主文および理由を朗読し、又は主文の朗読と同時に理由の要旨を告げなければならない」ことを定めているが、最高裁では主文を読み上げ理由を告げないことが長年の慣行になっていた。それは、

・同様の規定のあった旧刑訴法のもとで大審院も同様の判決宣告方法をしており、最高裁としても最終審としての長年の慣行であったこと。

・刑事裁判においては判決の宣告は原本に基づく必要はなく、判決が当事者に送達されることもないが上訴期間は判決宣告後に進行するため当事者が上訴するかどうかの判断をするうえで理由の告知が重要な意味をもっている。しかし、最高裁判決に対しては上訴できないし、最高裁は刑事事件についても判決書原本に基づいて判決の宣告をし、判決宣告後直ちに訴訟関係人に判決書の写しを交付しているから、訴訟関係人に不利益を与えないこと。

等がその根拠とされていた。

刑事事件の判決の言渡期日の通知をしたところ、上告代理人から、法廷では単に主文の朗読だけではなく理由を告知してほしい旨の書面が提出された。

開廷直前の合議で、最高裁では理由を告知しない法廷慣行があり、ロッキード事件のときに長官が前例にしないことを説明したうえで理由を告知したという経緯もあるので、今回も主文を朗読後ただちに要旨を渡すことで処理することにした。その後、公職選挙法違反の上告事件において弁護人から判決宣告のさいに理由の告知を求める意見が出された。

従前の慣行は、その根拠とされるところから考えれば不当なものではないとしても、それほど強い理由があるとも思えない。

判決宣告後直ちに判決書の写しを交付して当事者の利益や国民の知る権利について配慮しているとしても、公判廷において直接判決理由を聴きたいという訴訟関係人や傍聴人の要望に応えることが最高裁の姿勢として妥当なものとして、理由の要旨を告知することになった。

これらは、当事者からの主張を受けて最高裁の長年の慣行が変更された例であり、最高裁が時代の流れに応じて変化するためには、訴訟関係人の積極的な関与が求められているといえる。

法廷の写真撮影

最高裁判所の法廷のようすをテレビニュースで見た人が多いのではないだろうか。

著名事件の弁論期日または判決言渡期日には記者クラブからの申入れによって広報課との申合わせにしたがった写真撮影が行われるが、使用する機器、撮影の場所、撮影方法等はあらかじめ定められており、撮影時間は裁判官の入廷時からとし、裁判官全員が着席してから二分間、撮影対象は入廷中の裁判官、裁判官席、当事者席と決められており、音声の録音、裁判官以外の人物の撮影、当事者、代理人または傍聴人が法廷の秩序を乱す行為があったときにこれを撮影することは禁じられている。その結果ニュースでは、法壇に着席した五人の裁判官と裁判長のアップの静止映像が数秒流される。テレビなのに動く映像がないというのもおかしなことだし、カメラの前で二分間じっと座っているのは長く感じていやなものだ。僅か数秒の映像のためなら二分も必要ないのではないかと感じた。以前は撮影時間は三分だったが二分に短縮されたそうだが、映像の使われ方からするとまだ長いように思う。裁判に関する報道のしかたも、十年一日のごとくではなくもう少し工夫をしてもらえないものかと思う。

六　和　解

最高裁は最終審としての法律審であるから、本来、上告理由の有無を検討すればたりるのであるが、判決をしても紛争が収まるとは思えないものや、理論的な結論は正しいとしても公平を損なうとか、一方当事者にあまりにも気の毒な結果になる事件についてはごく稀に和解を勧告することがある。

法律審である最高裁が和解を行えるかということについては意見が分かれるかもしれないが、「裁判所は、訴訟がいかなる程度にあるかを問わず、和解を試み……ることができる」との規定（民訴法八九条）をまつまでもなく、民事事件については最高裁をふくむすべての裁判所は、紛争が法にしたがって公正妥当な解決が得られるように努めるべきであるから、最高裁においても事件が和解によって解決するのが適当であるときは和解を試みることになる。

この場合、主任裁判官は審議において事件の概要、和解で解決するのがよいと考える理由などを説明して全裁判官の同意があれば調査官に和解手続を試みるように命じる。

調査官は当事者を呼び出し、あるいは原審の裁判所に出向いて和解手続を行い、その結果を裁判官に報告して相談しながらすすめていき、和解が成立する見込みができた段階で、最高裁に当事者の出頭を求め主任裁判官が当事者と面談して和解を成立させる。調査官にとってはルーティンからはずれた仕事で時間的にも負担が大きい。また最高裁の性格上、和解を勧告するのはきわめて例外的であって数は少ない。最高裁の和解勧告があったとき代理人弁護士は和解が成立するように当事者を説得するなどして協力をお願いしたい。原審で勝訴しているが原判決破棄が予想される事件の被上告代理人が、原審で勝訴しているために強気になって頑張り、和解が難行したことがあったが、代理人は大局的観点から総合的に判断してほしい。もっとも最高裁には和解室がないので、どの部屋で和解手続をするかという問題がある。私は裁判官室で行ったが、秘書官はいろいろと気を遣ったようである。

Ⅱ　大法廷

大法廷が開廷されるときは、開廷二〇分前に裁判官全員が控え室に集まり法服を着て自席で待機する。開廷五分前に書記官から法廷の状況が報告される。張りつめた空気のなかに緊張感が満ちてくる。定刻に長官を先頭に就任順に入廷する。

法廷は方形だが天井はらせん状にせりあがる吹き抜けになっていて、天井からの明るい光が法廷に射し込んでいる。方形でありながら全体として丸みを感じさせ安定感があって大法廷にふさわしい厳粛な雰囲気がある。

傍聴席、当事者席は法壇に向かって楕円形に並んでいる。

法壇は高く廷吏の頭が二メートル位下に見えるような気がする。代理人席は七～八メートル先の下にある。裁判官は代理人、傍聴席に相対して横に一五名長官を中央にして右、左と就任順に着席し、長官が裁判長となって審理がすすめられる。

一　大法廷事件

大法廷への回付　すべての事件は主任裁判官が決められて小法廷に配分されるが、大法廷で取り扱う事件については裁判所法第一〇条　最高裁判所事務処理規則第九条に定められている。

・法律、命令、規則、処分が憲法に適するかしないかを判断するとき。（ただし意見が前に大法廷でした判断と同じときを除く。）（一〇条一号）
・法律、命令、規則、処分が憲法に適合しないと認めるとき。（同条二号）
・憲法その他の法令の解釈について、意見が前に最高裁判所のした判断に反するとき。（同条三号）
・小法廷の裁判官の意見が二説に分かれその説が各々同数の場合。（同規則九条二項三号）
・大法廷で裁判することを相当と認めた場合。（同条同項）

小法廷で審議した結果、右の基準に従って大法廷で審議するのが相当とされたときは、裁判官会議において主任裁判官が小法廷における審議経過、事件の内容、問題点などを説明して大法廷で審議するかどうかを決定する。

大法廷では長官が裁判長になるが、審議の準備は裁判長と主任裁判官が担当し、担当調査官のほか主席調査官も関与する。

大法廷事件の審議は裁判官会議と同じ部屋で行われる。中央が空間になったドーナツ状の円形テーブルに、長官の右から就任順に席が決められている。長官の右が先任裁判官、就任順に右回りになるので長官の左が新任裁判官の席になる。審議は長官が主宰し主任裁判官が事件の概要、論点を説明し、その後各裁判官が質問をして主任裁判官が答えるのだが質問を含む発言は就任順になることが多いが議論がすすむとそれにこだわらないで発言される。

質疑に続いて主任裁判官が意見を述べ、他の裁判官が順次意見を述べて討議をする。日常接することの少ない他の小法廷の裁判官がどのような意見を延べ、どのような考えをするのか、小法廷の審議とは異なる緊張感と面白さがある。

意見が一致したとき、または意見は分かれたが多数意見が形成されれば主任裁判官が多数意見のときは主任裁判官が、主任裁判官が少数意見のときは裁判長の指定する裁判官が判決草案の起案を担当する。

大法廷事件は重要な論点を含むものであるため意見の分かれることが多く、少数意見の中でも同じ内容の意見があるときは共同の少数意見を書くこともある。その場合少数者のうちの一人が起案して同意見の裁判官と意見の調整をするが、他の裁判官の書いた草案でも遠慮なしに意見を述べ合うので、共同意見を書くとお互いに親近感がわき、ときには戦友のような気分が生じることもある。

最高裁では前任者から事件についての説明がないので、新しく就任したときすでに大法廷で審議が行われている事件があるときは、前任者が残した記録を検討し、調査官から問題点、審議の経過などを聴いて自分の考えをまとめて審議に参加する。また審議が成立して判決言渡し期日前に退官した裁判官は判決に関与した裁判官として表示される。

光市の母子殺傷事件

平成一八年六月二〇日、山口県光市の母子殺傷事件について、原審の無期懲役刑の判決を破棄して原審に差戻した小法廷の判決言渡しのテレビ画像では、三人の裁判官の姿が見られるだけであった。

これについてA紙は「三人の裁判官の一致した意見」と報じ、B紙は「裁判長甲が退官したため乙裁判官が代読し四人の裁判官の一致した意見」と正確に報道した。

選挙無効確認事件

平成一三年七月に行われた参議院議員選挙において一票の格差が一対五・〇六であることの合憲性が争われた選挙無効確認事件において私は審議成立後、判決言渡期日前に退官したため判決には「裁判官深澤武久は、退官につき署名押印することができない」と記載された。これは審議の成立に関与した裁判官を明確にするための極めて当然の取り扱いだが、退官後インターネットに「定数訴訟で選挙が無効であるという少数意見を書いた裁判官は職を辞さなければならないのか」という趣旨の書き込みがあって、いまだにそのような偏狭な見方があるのかと驚いた。誤解をとくために敢えていうなら、現在の最高裁の審議で意見を述べることについて制約するものはなにもなく、各裁判官は自由な発言をし、激しい議論をしても意見の違いは当然のこととして受け入れ、それでしこりが残るようなことはまったくないのであり、それによって不利益を蒙ったり差別が生じるようなことは一切ない。

まさに「理性の府」にふさわしい議論をしているということである。

二　違憲判決における意見

私の在任した三年五ヶ月の間、大法廷事件は民事八件、刑事一件合計九件であった。民事事件のうち一件は、書留郵便物について郵便業務従事者の故意または重大な過失によって損害が生じた場合、国の損害賠償責任を免除しまたは制限する部分は、憲法一七条に違反し無効であるとした。法律の規定を違憲とした最高裁判決は、森林法の共有林分割を制限する規定を違憲とした昭和六二年以来一五年ぶりであった。

1　違憲立法審査権と立法権の関係について
平成一四年九月一一日判決　同一一年(オ)第一七六七号　損害賠償請求事件

【事案の概要】

特別送達によって第三者（銀行）に送達しなければならない債権差押命令を郵便局員が、重大な過失によって自局内にある第三債務者の私書箱に投函してしまい、送達が遅れている間に債務者が第三債務者から預金全額を払戻したため執行債権者が損害を蒙ったとして、国に対して国家賠償法一条一項に基づいて七八七万円余の損害賠償を請求したものである。

【判決要旨】

郵便法六八条、七三条のうち、書留郵便物「特別送達郵便物」について郵便の業務に従事する者の故意または過失によって損害が生じた場合、不法行為に基づく国の損害賠償責任を免除しまたは制限している部分は、憲法一七条に違反し無効である。

【法廷意見の概要】

一　憲法一七条は、国または公共団体が公務員の行為による不法行為責任を負うことを原則とした上、公務員のどのような行為によりいかなる要件で損害賠償責任を負うかを立法府の政策判断にゆだねたものであって、立法府に無制限の裁量権を付与するといった法律に対する白紙委任を認めたものではない。

公務員の不法行為による国または公共団体の損害賠償責任を免除し、または制限する法律の規定が同条に適合するものとして是認されるものであるかどうかは当該行為の態様、これによって侵害される法的利益の種類および侵害の程度、免責または責任制限の範囲および程度に応じ当該規定の目的の正当性並びにその目的達成の手段として免責または責任制限を認めることの合理性および必要性を総合的に考慮して判断すべきである。

二　郵便法六八条、七三条の合憲性　郵便法は「郵便の役務をなるべく安い料金で、あまねく、公平に提供することによって、公共の福祉を増進する」ことを目的としている（郵便法一条）。書留は、郵便物の引き受けから配達にいたるまで記録をすることなどにより、郵便物が適正な手順に従い確実に配達されるようにした特殊取扱いであり、差出人がこれに対し特別の料金を負担するものではあるが、法一条の目的を達成するため、郵便事業者の軽過失による不法行為に基づき損害が生じた場合に国の賠償責任を免除しまたは制限することはやむを得ないもので、憲法一七条に違反しない。しかし、郵便事業者の故意または重大な過失による不法行為についてまで免責または責任制限を認める規定に合理性があるとは認め難い。このような場合に国の損害賠償責任を免除し、または制限している部分は、憲法一七条が立法府に付与した裁量の範囲を逸脱したものであるといわざるを得ず同条に違反し、無効である。

特別送達郵便は、国民の権利を実現する手続の進行に不可欠なものであり、適正な手順に従い確実に受送達者に送達されることが特に強く要請される。

特別送達郵便物の送達に直接の利害関係を有する訴訟当事者は、自らかかわることのできる他の送付手段を有していないなどの特殊性に照らすと、郵便業務従事者の軽過失による不法行為から生じた損害賠償責任を免責または責任制限を定めた規定は、憲法一七条が立法府に付与した裁量の範囲を逸脱し無効である。

福田裁判官と私は、結論は多数意見と同じであるが多数意見が「憲法一七条が立法府に付与した裁量の範囲を逸脱したため同条に違反して無効である」という理由には賛同できない旨の意見を付した。

【裁判官福田博　同深澤武久の補足意見】

「郵便法六八条、七三条の合憲性を判断するにあっては、憲法一七条は、字義どおり公務員の不法行為に基づく損害賠償責任は、法律が具体的に定めるところにより、その賠償を求めることができると規定していると解すれば必要かつ十分であり、これに加えて立法府の白紙委任にわたらない範囲での裁量権を認めた規定であるかどうかを論ずる必要はないのである。なぜならばこのように論ずることは、憲法上の権利について「法律の定めるところにより」とあれば直ちに国会の広範な立法裁量権が認められ、司法はそれを前提として違憲立法審査権を行使すれば足りるとの考えにつながるものであって、ひいては国会の有する立法についての広範な「裁量の幅」は「裁量権」と表現しこれを違憲立法審査権の行使にいわば前置することにより憲法八一条によって司法に与えられた違憲立法審査権をいたずらに矮小化し、憲法に定められた三権分立に伴う司法の役割を十分に果たさない結果を招来することになりかねないからである。

憲法八一条は国民の信託を得て選任された議員によって構成される立法府が、一定の立法事実に政治的判断をおこなって具体的な法律を策定することについて、広い裁量の幅を有することを当然の前提としつつも、すべての立法についてそれが憲法に適合するものであるか否かの最終判断を司法にゆだねているのである。

法律の憲法適合性を判断するにあたって、裁判官は憲法についての法律知識と良心に従って解釈した基準に基づいて法律がその基準に適合するか否かを判断することを求められているのであって、それが、立法府の有する「裁量権」の範囲内にあるか否かの審査を求められているのではない。

その判断は、立法過程において見られることのある、いわゆる政治的妥協ないし取引などとは関係なくおこなわれるべきものであり、さらに、裁判官自身の個人的心情とは離れておこなわれるべきことは当然である。

本件において、国の損害賠償責任の制限規定の正当性を判断するにあたっては、その制限規定が郵便法の目的に照らして「役務の内容とその提供に見合って客観的にバランスのとれたもの」「正当なもの」であれば憲法一七条の法意に合致し違憲の問題は生じない。

この判断にあたっては立法府の「裁量権」の広狭などを考慮する必要はない。これを考慮することは、立法府の有する「裁量権」を違憲立法審査権の行使にいわば前置することになり、憲法が司法に与えた違憲立法審査権をいたずらに矮小化して三権分立における司法の役割を十分に果たさない結果をもたらしかねないからである。」

この意見は違憲立法審査権と立法権の関係をどのように考えるべきかを強く念頭においたものであった。その後、平成一六年一月一四日判決　同一五年(行ツ)第二四号選挙無効請求事件において、私が投票価値の不平等の合憲性の判断に関する反対意見で「司法は投票価値の不平等が、国会の裁量の範囲内であるかを検討するのではなく、国会によって定められた選挙制度の下で生じる投票価値の不平等が憲法の解釈として許容されるかどうかを判断しなければならず、且つ、それをもって足りるのである」と述べたのはこれと同じ考え方によるものである。

2　定数訴訟（参議院選挙において格差が一対五・〇六の場合）

平成一六年一月一四日判決　同一五年(行ツ)第一五号、同二四号、同二五号、同二六号も同事件　選挙無効請求事件

平成一六年一月一四日大法廷は、同一三年七月二九日に施行された参議院議員選挙において一票の格

差が一対五・〇六となったのは憲法一四条一項に違反して無効であるという上告人らの主張に対して「平成一二年法律第一一八号による参議院議員定数配分の規定は、憲法が選挙制度の具体的な仕組みの決定につき国会にゆだねた立法裁量権の限界を超えるものではなく、本件参議院議員選挙当時において上記改正後の本件定数配分規定が憲法に違反するに至っていたものとすることはできない」という判決を言渡した。

国会の立法裁量権を広く考えることの帰結である。この判決は九名の多数意見で、六名の反対意見があった。

【町田　金谷　北川　上田　島田各裁判官の補足意見】

憲法は、投票価値の平等をも要求していると解するのが相当である。憲法はどのような選挙制度が国民の利害や意見を公正かつ効果的に国政に反映させることになるのかの決定を国会の広い裁量にゆだねているから、投票価値の平等を選挙制度の仕組みの決定における唯一、絶対の基準としているのではなく、投票価値の平等は、原則として国会が正当に考慮することができる他の政策目的ないし理由との関連において調和的に実現されるべきものとしていると解さなければならない。

参議院選挙の選挙制度の仕組みは、憲法が二院制を採用した趣旨から、参議院議員の選出方法を衆議院議員とは異ならせることによって参議院の実質的内容ないし機能に独特の要素を持たせようとする意図の下に、選挙区選出議員については都道府県を構成する住民の意思を集約的に反映させるという意義ないし機能を加味しようとしたものである。このような選挙制度の仕組みは、国会の有する立法裁量権の合理的な範囲を逸脱するものであるとはいえないから、その結果として各選挙区の議員定数と選挙人数又は人口との比率に較差が生じたとしても、直ちに選挙権の平等を侵害したものとすることはできない。

【亀山　横尾　藤田　甲斐中各裁判官の補足意見】

上記四裁判官の補足意見は「従来の多数意見が、立法府に要請される複雑高度な政策的考慮と判断を理由に、とりわけその単なる不作為についても、結果的に極めて広範な立法裁量の余地を是認してきたことについては賛成することはできない……わが国の立法府はこれまで上記の諸問題に十分な対処をしてきたものとは到底いえずこれらの問題について立法府みずからが基本的にどう考え、将来にむけてどのような構想を抱くのかについて明確にされることのないままに単に目先の必要に応じた小幅な修正を施してきたにとどまるものといわざるを得ない。これでは、立法府が、憲法によって与えられたその裁量権限を法の趣旨に適って十分適正に行使してきたものとは評価せず、その結果、立法当初の選挙区間における議員一人当りの選挙人数の較差から余りにもかけ離れた較差を生じている現行の定数配分は合憲とは言えないのではないかとの疑いが強い……今回の改正作業にそれなりの合理性が認められることを否定することはできない。その意味において私たちは、今回の改正の結果をもって違憲と判断することには、なお躊躇を感じざるを得ない。……仮に次回選挙においてもなお無為の裡に漫然と現在の状況が維持されたままであったとしたならば、立法府の義務にかなった裁量権の行使がなされなかったものとして違憲判断がなされるべき余地は十分に存在するものといわなければならない」というのであるから実質的には違憲という判断をしているに等しいというべきであろう。

法廷意見を構成する九名の裁判官うち四裁判官がこのようなきわめて微妙な意見であり、これに六名の裁判官の反対意見とあわせると、本判決は限りなく違憲判決に近いといえるものである。

【福田　梶谷　深澤　濱田　滝井　泉裁判官の反対意見】

本件選挙当時における選挙区間の議員一人当りの選挙人数の最大較差は一対五・〇六にまで達していたのであるから、本件定数配分規定は憲法上の選挙権平等の原則に大きく違背し、憲法に違反するものであることが明らかである。したがって本件選挙は違法であり、これとことなる原審の判断は是認することはできない。

【裁判官深澤武久の追加反対意見】

最高裁判所は、衆議院議員選挙について、選挙制度が憲法に違反する議員定数の定めに基づいて行なわれたことにより違法な場合、これに基づく選挙を当然無効とすると解すると、この選挙によって選出された議員がすべて当初から議員としての資格を有しなかったことになる結果、今後における衆議院の活動が不可能になり上記規定を憲法に適合するように改正することもできなくなることなどを理由に選挙を無効とすることを求める請求を棄却し、主文において選挙の違法を宣言する、いわゆる事情判決をしたが、これは国権の最高機関としての国会が投票価値の不平等の解消について、真摯にとりくみ、多くの国民が納得できる相当の期間内に合理的な解決をすることを期待して、司法権を謙抑的に行使したものと考えられる。

選挙によって選出された議員によって構成される国会が行う選挙制度の改革は、各議員の利害にかかわるため様々な問題が生じることは避けられないとしても、憲法は各議員が全体の奉仕者であるとの立場に立って、個々の利害をこえて議会制民主主義の根幹をなす選挙制度の改革がなされることを期待しているのである。然るに本件改正においては、較差の減少を立法目的とした積極的な検討をしたとは認められない。

投票価値の不平等が、かくも広く長期にわたって改善されない現状は、事情判決を契機として、国会によって較差の解消のための作業が行われるであろうという期待は百年河清を待つに等しいといえる。したがって、本件において選挙無効の判決をすることが違憲立法審査権の適正な行使であるといわざるを得ない。

参議院議員選挙においては、選挙無効の判決をしても、その対象は改選された議員だけであり、半数の非改選議員及び比例代表選出議員の地位には影響を及ぼさないのであるから、衆議院議員選挙について無効の判決をした場合とは異なり、変則的であるとしても公職選挙法の改正を含む参議院の活動は可能であり、選挙無効の判決をするについて上記判決の指摘するような不都合が生ずるとは考えられない。本件選挙当時の議員配分規定は憲法一四条一項ただし書きの規定に反し、同法九八条一項によって無効であって、それに基づいて行われた本件選挙は無効であるから、原判決を破棄して本件選挙の無効の判決をすべきである。

私の追加反対意見は、違憲立法審査権の行使について思いをめぐらすとともに、定数訴訟における事情判決の適用について再考されるべきではなかろうかという思いをこめたものである。

衆議院憲法調査会において憲法裁判所の設置が議論されたことは、これまでの最高裁における違憲立法審査権の行使について検討すべき点があることを物語っているのではないだろうか。

【事情判決について】

反対意見の六裁判官のうち五裁判官は、いずれも、本件選挙配分規定は憲法に違反しているがこれに基づく選挙を無効とするときに生じる無用の混乱を避けるため、あるいは国会による真摯かつ速やかな是正を期待して事情判決の法理に従って選挙の違法を宣言するにとどめるとした。

行政事件訴訟法三一条一項は「行政事件の取消訴訟については、処分又は裁決が違法ではあるがこれを取り消すことにより公の利益に著しい障害を生じる場合において、……一切の事情を考慮したうえ、処分又は裁決を取り消すことが公共の福祉に適合しないと認めるときは裁判所は請求を棄却することができる。この場合には、当該判決の主文において処分又は裁決が違法であることを宣言しなければならない」といわゆる事情判決について定めているが、公職選挙法三一条、二一九条は選挙訴訟についてこの規定は適用しないことを定めている。

定数訴訟に事情判決の法理をはじめて適用した昭和五一年四月一四日の大法廷判決も、行政事件訴訟法の事情判決の規定が公職選挙法でその適用が排除されていることを前提としたうえで「衆議院議員選挙が憲法に違反する公職選挙法の選挙区及び議員定数の定めに基づいて行なわれたことにより違法な場合であっても、それを理由として選挙を無効とする判決をすることによって直ちに違憲状態が是正されるわけではなく、かえって憲法の所期するところに必ずしも適合しない結果を生ずる事情があるときは、行政事件訴訟法三一条一項前段に含まれている一般的な法の基本原則に従い、選挙を無効とする旨の判決を求める請求を棄却するとともに当該選挙が違法である旨を主文で宣言すべきである」とし、その理由として「『憲法九八条一項は国の最高法規であって、その条規に反する法律、命令、規則及び国務に関するその他の行為の全部又は一部はその効力を有しない』と規定している。この規定は、憲法の最高法規としての性格を明らかにし、これに反する国権行為はすべてその効力を否定されるべきことを宣言しているのであるが、しかし、この法規の文言によって、直ちに、法律その他の国権行為が憲法に違反する場合に生ずべき効力上の諸問題に一義的解決が与えられているものとすることはできない。憲法に違反する法律は原則として当初から無効であり、また、これに基づいてされた行為の効力も否定されるべきものではあるが、しかし、これはこのように解することが、通常は憲法に違反する結果を防止し、またはこれを是正するためにもっとも適切であることによるものであって、この解釈によることが、必ずしも憲法違反の結果の防止又は是正に資するところがなく、かえって憲法上その他の関係において極めて不当な結果を生ずる場合には、むしろこの解釈を貫くことがかえって憲法の所期するところに反することになるのであり、このような場合には、おのずから別個の総合的な視野に立つ合理的な解釈を施さざるをえないのである。

そこで、本件議員定数配分規定についてみると、右規定が憲法に違反し、これに基づいて行なわれた選挙が憲法の要求に沿わないものである……がそうであるからといって、右規定及びこれに基づく選挙を当然に無効であると解した場合、これによって憲法に適合する状態が直ちにもたらされるわけではなく、右選挙によって選出された議員がすべて当初から議員としての資格を有しなかったことになる結果すでに右議員によって組織された衆議院の議決を経たうえで成立した法律等の効力にも問題が生じ、また、今後における衆議院の活動が不可能となり前記規定を憲法に適合するように改正することさえもできなくなるというあきらかに憲法の所期しない結果を生ずるのである。

行政事件訴訟法三一条一項前段において、当該処分が違法であっても、これを取消すことにより公の利益に著しい障害を生ずる場合においては、諸般の事情に照らして右処分を取消すことが公共の福祉に適合しないと認められる限り、裁判所においてこれを取消さないことができると定めている。この規定は法政策的考慮に基づいて定められたものであるが、そこには行政処分の取消しの場合に限られない一般的な法の基本原則に基づくものとして理解すべき要素も含まれていると考えられる。

もとより、明文の規定がないのに安易にこのような法理を適用することは許されず、殊に憲法違反という重大な瑕疵を有する行為については憲法九八条の法意にてらしても、一般にその効力を維持すべきものではないが、しかし、このような行為についても、高次の法的見地から、右の法理を適用すべき場合がないとはいいきれない……。

これを本件について考えてみるのに、本件選挙が憲法に違反する定数配分規定に基づいて行われたことを理由としてこれを無効とする判決をしても、これによって直ちに違憲状態が是正されるわけではなく、かえって憲法の所期するところに必ずしも適合しない結果を生ずる。これ等の事情を考慮するときは、本件においては、前記の法理に従い、本件選挙は憲法に違反する議員定数配分規定に基づいて行われた点において違法である旨を判示するにとどめ、選挙自体はこれを無効としないこととするのが相当……」とした。

法廷意見は、議員定数配分規定が憲法に違反するときは、これに基づく選挙を無効としたときに国政に生ずる混乱を避けようとするものであると思われるが、初めに結論ありきの、いささか牽強付会の感を免れない。単なる法令違反と憲法違反の間には質的な相違があるのに敢えてこれを無視し両者を同一レベルのものとして行政事件訴訟法三一条一項前段を類推適用し処理しようとする点に無理がある。「高次の法的見地から事情判決の法理を適用すべき場合」というが「高次の法的見地」とはいかなることをいうのか、その内容は漠として、その意味するところは甚だ難解というより不可解に近いものといわざるを得ないものである。この理由によるときは、事情判決の適用範囲は際限なく広がるおそれがある。これは「判例による立法」というべきものであろうが、比喩的にいうと上手な手品を見せられたような、なんとなく腑に落ちないものがあるのだ。

この判決後、大法廷に継続した定数訴訟において、その選挙における票の較差を違憲とする意見の結論はその多くが事情判決によって選挙は有効としている。このような法解釈の積み重ねが国民の司法に対する信頼を害うことにならないことを願うばかりである。

なお、右判決においても事情判決の法理を類推適用することに反対する旨の七裁判官の反対意見が付されている。

三　ロッキード事件以来の刑事事件の大法廷判決事件

平成一五年四月二三日大法廷判決（同一三年(あ)第七四六号　業務上横領被告事件）は横領罪の成立について従来の判例を変更したものである。

宗教法人（寺院）から不動産管理を委託されていた責任役員が自己の経営する会社の資金にあてるため寺有地に抵当権を設定し、その後これを勝手に売却したというものである。

事実の概要

弁護人は「委託により占有する他人の土地に勝手に抵当権を設定すれば、その行為が横領罪を構成するから、その後の売却行為は不可罰的事後行為として処罰の対象にならない」と主張した。

判決は「委託を受けて他人の不動産を占有する者が、ほしいままに抵当権を設定してその旨の登記を了した後においても、その不動産は他人の物であり、受託者がこれを占有していることには変わりがなく、受託者がその後、その不動産につき、ほしいままに売却等の所有権移転行為を行いその旨の登記を了したときは、委託の任務に背いて、その物につき権限がないのに所有者でなければできないような処分をしたものにほかならない。

したがって、売却等による所有権移転行為について、横領罪の成立自体はこれを肯定することができるというべきである。先行の抵当権設定行為が存在することは後行の所有権移転行為について犯罪の成立自体を妨げる事情にはならない。……

後行の所有権移転行為のみが横領罪として起訴されたときは、裁判所は所有権移転の点だけを審判の対象とすべきであり、犯罪の成否を決するにあたり、所有権移転行為に先だって横領罪を構成する抵当権設定行為があったかどうかといった訴因外の事情に立ち入って判断すべきではない」とした。これは、「権原なく他人の不動産に抵当権を設定した後、これを無断で売却した場合、前者の行為によって後に行われた売却行為が不可罰的事後行為になる」とした最高裁昭和三一年六月二六日判決（同二九年（あ）

第一四四七号）業務上横領被告事件判決を変更したものである。

Ⅲ　開かれた法廷

一　国民審査

憲法七九条により最高裁判所の裁判官は任命後はじめて行われる衆議院議員選挙の際、国民の審査に付され投票者の多数が罷免を可とするときは、その裁判官は罷免されることになっている。国民審査の法的性質については、天皇または内閣の任命行為の適否を審査するものであるとか、任命行為の事後審査と解職の性質を有するなどの説があるが、最高裁の判例は「国民審査の制度は国民が裁判官を罷免すべきか否かを決定する趣旨であって、裁判官の任命を完成させるか否かを審査するものではない（昭和二七年二月二〇日大法廷判決）」として国民審査は個々の裁判官について解職の賛否を問う投票制度であるとしている。

個々の裁判官につい罷免を可とする投票が「積極的に罷免を可としない者」よりも多数のときにその裁判官は罷免されることになるのである。

裁判官の氏名の上部に○を書いたものが無効になるとか、審査対象の一部の裁判官について棄権することができないことなど、実施方法については改善する余地があるように思われる。

審査を受ける立場からすると、就任後相当な時間が経過して日々裁判実務に従事している時に、任命行為の適否について審査するというのはあまりにも現実の流れを無視した観念論のように思われる。任命行為が否とされたときにそれまでにその裁判官が関与した裁判に対する手当がなされていないことも解職説を裏付けるものではないだろうか。

審査を受けた者として、投票の結果をみても「信任をうけた」というよりも「それまで自分のしてきた裁判がどのように評価されているか」という目安になると受けと止めたというのが私の実感である。

それは投票する国民に各裁判官の情報がほとんどないために、この制度にあまり関心をもっていないことに起因する。「あなたの名前のうえに○をしておきましたよ」という善意の投票が無効とされるという不自然な制度上の問題と各裁判官の裁判情報の不足のため有権者が適切な判断ができないということから必然的に生ずる結果であろう。

国民審査に付される裁判官は審査公報の掲載文を中央選挙管理委員会に提出しなければならない。平成一五年一一月九日に行われた国民審査から字数の制限はなくなったが原稿用紙の縦、横の長さが決められているので一人の原稿はおよそ一二〇〇～一三〇〇字程度になる。

「審査公報に裁判官の氏名、生年月日、経歴、関与した主な裁判その他審査に参考になる事項を掲載する」と定められているので審査を受ける裁判官は、その枠の中でどのような情報を提供するか工夫をこらして作成する。

掲載文を受領した中央選管はその写しを都道府県選管に送付し、都道府県の選管は受領した掲載文の写しをそのまま公報に掲載する。審査に付される裁判官が二人以上あるときは中央選管が、くじで定めた順序で公報に掲載する。投票用紙には公報と同じ順序で記載されるが、投票用紙の冒頭に記載されたものが罷免を可とされる割合が一番高いという話がどこからともなく聞こえてきた。

そして、審査の結果もそのとおりであった。

国民審査が行われることになると審査を受ける裁判官に司法記者クラブから一〇数項目にわたるアンケートがあり、それに答えるのだが、記事になるのはそのうちのごく一部であり、要約、取捨選択さらにはアンケート項目にも、もう少し工夫をしてほしいと思うことがあった。

また、裁判記事も少なく司法についての情報が乏しい中で行われる国民審査であるからアンケートを要約した記事を一度掲載するだけでなく審査を受ける裁判官の裁判情報を日常的にもう少し多く有権者に提供することをお願いしたい。この制度が形骸化から抜け出すためにマスコミのもつ役割は大きい。

国民審査は昭和二四年一月二三日から平成一五年一一月九日までに一九回行われたが罷免を可とする投票率の平均は第一回の四・四一％が最も低く、第一二回の昭和五五年六月二二日の一四・三八％が最も高い。私たちが審査を受けた平成一五年一一月九日の結果は、罷免を可とするものは、公報の一番目に掲載された裁判官が最も多くて七・二九三％最も少ない裁判官は六・五九三％　平均六・九％で、投票用紙に記載された順序によって罷免を可とする投票の多さが決まるという俗説を裏付ける結果となった。

これまで延べ一五〇名余の裁判官が国民審査に付されたがその間、罷免された裁判官はおらず、最近一〇年の国民審査では罷免を可とする割合は一〇％以下となっている。このためか国民審査が形骸化しているのを理由に国民審査の廃止をいう意見もあるが、最高裁裁判官の任免について国民が関与する数少ない制度のひとつであるから、工夫をこらした改革をして存続させ、裁判所と国民の距離を近付けてほしいものである。

二　庁舎見学

国民審査にかぎらず司法についての国民の理解を深めるためにはマスコミの果たす役割が大きいのだが、情報を発信する裁判所もその点についての努力をしなければならないのは当然であろう。最高裁判所の庁舎は石の砦のようで親しみにくいとか奇岩城とかいわれることがあるが、庁舎や法廷を見学したいという要望は多いように思う。在任中、弁護士をはじめさまざまな友人から見学をしたいという要望があり、できるだけこれに応えるようにした。

私が弁護士会の若手に声をかけたところ希望者が思ったより多かった。見学は秘書官や事務官の手をわずらわせることになるので、それが気がかりで躊躇することがあったが、今にしておもえばもっと多くの人に見学をしてもらった方が良かったのではないかと思っている。平成一八年六月の新聞に、夏休み中の三日間、小中学生とその保護者を対象に、大法廷、小法廷の見学、法服を着て裁判官席で写真撮影をするなどの見学会をすることが報じられたが、もっと広く気軽に見学できるようになれば良いと思う。

最高裁のホームページにも「最高裁の庁舎見学」として学校行事、生涯学習、一般見学などの見学コースが準備されているとの案内がされている。裁判員制度が発足して、その円滑な運用のためには国民の司法に対する理解、協力が不可欠であるから、時宜を得たものといえるが、国民のための司法という観点からすればもっと早くから行われていなければならなかったことである。

最近では、観光業者が企画する最高裁見学が人気を博しているようだが、一時的なものでなくそれが持続していくこと、さらには見学のしかた、案内の方法などに内容を充実させ最高裁見学によって裁判所への関心を深め、親しみを増すことができれば国民と司法の距離をより近いものにすることに役立つことと思う。最高裁の正面玄関を入ったところに吹き抜けで天井の高い大ホールがある。「そこで市民も参加するコンサートなどがやれればよい」などと冗談交じりに話したことがあるが、いつか実現される日がくれば素晴らしいことではないだろうか。

平成一三年五月、私はアメリカ連邦最高裁判所を訪問した。ここでは見学希望者が多く、ある程度の人数が集まると係りの人が裁判所内を案内する見学ツアーがある。私が訪問した日も、いくつかのツアーが案内係りを先導にして出発していたが、その後にも、さまざまな人種の見学者が係りの案内を待っている姿が見られた。裁判所の地下の売店では、ポーズの異なる数種類のブロンズのテミス像、法廷で使用するのと同じ形の木槌、最高裁のロゴ入りのレザーのペーパーホルダー、ノート、ブックエンド、写真立て、ペンホルダー、ゴルフボール、ネクタイ、スカーフなどたくさんの最高裁グッズが売られていた。そして歴代の長官のほか、現職最高裁裁判官のブロマイドが売られているのには驚かされた。ブロマイドの売れ行きを尋ねたが笑顔が返ってきただけだった。

私は表敬訪問をしたこともあるので、レンキスト長官のブロマイドを買い求めて売り上げにささやかな協力をした。

連邦最高裁判所の食堂で市民を聴衆とするコンサートが開かれることもあると聞いて、裁判所が市民に親しまれていることが窺えた。日本では最高裁グッズの種類も少なく、魅力に乏しく、そういうことについての努力が欠けていると感じた。たくさんの見学者が集まり、最高裁グッズの店が繁盛しているのは、市民が最高裁に高い関心を抱き、親近感を持っていることの表れであり羨ましいかぎりである。

三　裁判官の報酬

憲法七六条六項、八〇条二項によれば、すべての裁判官は定期に相当の報酬を受け、在任中は減額することができないとされている。

平成一五年八月八日、人事委員会は長引く不況の影響で公務員の給与が民間給与を上回ったのを是正するために国家公務員の給与の改定（引き下げ）を勧告した。この勧告によって裁判官の報酬を減額することができるかということが問題になった。

上記憲法の定めは司法の独立を守るために裁判官の身分を保証するもののひとつであり、裁判官の職務の重大性からその地位にふさわしい生活ができる相当な報酬を保障し、裁判官が独立して職務を行えるようにしたもので、他の権力から干渉されることなく裁判官が自己の良心に従ってのみ職務を行なうことができるためのものである。判決の内容によって個々の裁判官の報酬が左右されるようでは職務の独立が保てないことになる。

国家財政上の理由で裁判官の報酬を減額できるかについては従来から学説は分かれていた。しかし、この制度が裁判官の職務の独立を保障することにあることを考えれば、裁判官の職務の独立に関係のない、国家財政上の理由から国家公務員全体の給与が引き下げられるときにまで裁判官の報酬を減額できないとは考え難い。

給与は職務と責任の重さによって定められるが、具体的には他の国家公務員や民間給与と対比して決定するほかはないが、その根底には裁判官の職責を国民がどのように評価しているかということがあるのであろう。ちなみに、最高裁長官は首相、最高裁判事は閣僚とそれぞれ同額に定められている。この問題についての裁判官会議の結果をうけて事務総長は「裁判官会議では、憲法上、裁判官の報酬について特に保障規定が設けられている趣旨及びその重みを十分に踏まえて検討し、人事院勧告の完全実施に伴い、国家公務員全体の給与が引き下げられるような場合に、裁判官の報酬を同様に引き下げても、司法の独立を侵すものではないことなどから、憲法に違反しない旨確認した」とするコメントを発表した。

この問題について、時の法務大臣は人事院勧告がなされた翌日「裁判官の報酬も減額せざるを得ないのでないか」という趣旨の発言をした旨の新聞報道があったが、三権分立の趣旨を理解しない無神経で不適切な発言だという印象を持った。また、この問題についての対応はキャリアと弁護士出身の裁判官の間には微妙な温度差があるように感じられた。

Ⅳ　死刑制度の存廃

裁判官として

私が就任したときに配布された資料で、第一小法廷に死刑事件が数件係属しており、そのうちの二件は私の主任事件であることを知った。これまで判例や論文、教科書、弁護士会での議論、刑事事件の体験などから得ていた知識をもとに、自分なりに死刑についての考えをもっていたが、それは弁護士としての知識であり判決を受ける立場での思考であった。そこで裁判官として、具体的に死刑事件に直面して、死刑を言渡す立場としてどのように考えるのか、そのためには死刑制度、死刑の刑罰としての意味、判例の流れ、社会の死刑についての見方の変遷などを検討して考えを深めておく必要を感じてさっそく死刑に関する論文などに目を通すように努めた。

そもそも死刑そのものに反対なのか、あるいは現行の死刑に関する法律が憲法に適合しているか、違反するものなのか。前者はきわめて哲学的なものを含み、各人の倫理観、人間観、宗教観、社会観などによって結論が分かれ、その理由付けも多岐にわたり各人によって異なることが多い。それに対して、後者は、現存する死刑に関する法律が憲法に適合しているか否かを検討するものであるから一定の枠組みのなかで判断することになり前者の場合よりも論理的な判断が可能であるということになろう。しかし、そうは言っても論理的判断の根底には先にあげた価値観に基づく判断が影響することを免れないという難しさと複雑さがある。

ある価値観に基づいて死刑に反対だから、死刑に関する規定が憲法に違反するというのでは論理性がなく実務の場でひろがりを持つことはできない。現行の死刑制度が憲法に違反するということを論理的に検証するときにはその根底にある価値判断にふれざるを得ないであろう。裁判官として死刑事件に直面したとき、その両者が微妙にからみあって決断を迫られるのである。かつて、死刑について賛否を問うアンケートに十分な検討をせず、なかば直感的に答えたことの軽率を深く悔いるのであった。

一　死刑についての最高裁判決

最高裁昭和二三年三月一二日大法廷判決　昭和二三年三月一二日の大法廷判決は「生命は尊貴である。一人の生命は、全地球よりも重い。死刑は、まさにあらゆる刑罰のうちで最も冷厳な刑罰であり、また、まことにやむを得ざるに出ずる窮極の刑罰である。それは言うまでもなく、尊厳な人間存在の根元である生命そのものを永遠に奪い去るものだからである。現代国家は一般に統治権の作用として刑罰権を行使するに当り、刑罰の種類として死刑を認めるかどうか、いかなる罪質に対して死刑を科するかまたいかなる方法手続きを持って死刑を執行するかを法定している。

かくしてなされた死刑の判決は法定の方法、手続きに従って現実に執行せられることになる。

これら一連の関係において、死刑制度は常に、国家刑事政策の面と人道上の面との双方から深き批判と考慮がはらわれている。されば、各国の刑罰史を顧みれば死刑の制度およびその運用は……常に時代

と環境とに応じて変遷があり、流転があり、進化がとげられてきた」とし、刑法の死刑の規定は憲法に違反しない理由として
「憲法一三条は、全て国民は個人として尊重され、生命に対する国民の権利は立法その他の国政の上で最大の尊重を必要とする旨を規定している。しかし、同時に同条においては、公共の福祉に反しない限りという厳格な枠をはめているから、もし公共の福祉という基本的原則に反する場合には、生命に関する国民の権利といえども立法上制限ないし剝奪されることを当然予想しているものといわねばならない。そしてさらに、憲法三一条によれば国民個人の生命といえども法律の定める適理の手続きによって、これを奪う刑罰を科せられることが明らかに定められている。すなわち憲法は現代多数の文化国家におけると同様に、刑罰としての死刑の存置を規定し、これを是認したものと解すべきであろう。言葉をかえれば、死刑の威嚇力によって一般予防をなし、死刑の執行によって特殊な社会悪の根源を断ち社会を防衛しようとしたものであり、また個体に対する人道観の上に全体に対する人道観を優位せしめ社会公共の福祉のために死刑制度の存続の必要性を承認したものと解せられる。」と判示した。
また、死刑そのものが、憲法の禁止する残虐な刑罰にあたるという弁護人の主張については「刑罰としての死刑そのものが、一般に直ちに同条にいう残虐な刑罰にあたるとは考えられない。ただ死刑といえども、他の刑罰におけると同様に、その執行の方法などがその時代と環境において人道上の見地から一般に残虐性を有するものと認められた場合には、勿論これを残虐な刑罰といわねばならないから、将来もし死刑について、火あぶり、はりつけ、さらし首、釜ゆでの刑のごとき残虐な執行方法を定める法律が制定されたとするならば、その法律こそは、まさに憲法三二条に違反するものというべきである。

……憲法三六条は残虐な刑罰を絶対に禁ずる旨を定めているが……刑罰としての死刑そのものが直ちに同条の残虐な刑罰にあたるものではない」と判示した。

【裁判官島保　藤田八郎　岩松三郎　河村又介の意見】

「憲法は、その制定当時における国民感情を反映してこのような規定を設けたにとどまり、死刑を永久に是認したものとは考えられない。ある刑罰が残虐であるかどうかの判断は国民感情によって定まる問題である。……国民感情は時代とともに変遷することを免れないのであるから、ある時代に残虐でないとされたものが後の時代に反対に判断されることもあり得ることである。したがって、国家の文化が高度に発達して正義と秩序を基調とする平和社会が実現し、公共の福祉のために死刑の威嚇による犯罪の防止を必要と感じない時代に達したならば、死刑もまた残虐な刑罰として国民感情により否定されるに違いない。かかる場合には憲法三一条の解釈もおのずから制限されて、死刑は残虐な刑罰として憲法に違反するものとして排除されることもあろう」

最高裁昭和五八年七月八日大法廷判決

昭和五八年七月八日大法廷判決は上記判例を引用して「死刑を定めた刑法の規定が憲法に違反しないことは当裁判所大法廷の判例とするところである……死刑制度を存置する現行法制のもとでは、犯行の罪質、動機、態様ことに殺害の手段方法の執拗性、残虐性、結果の重大性ことに殺害された被害者の数、遺族の被害感情、社会的影響、犯人の年齢、前科、犯行後の情状など各般の情状を合わせ考慮したとき、その罪質がまことに重大であって、罪刑の均衡の見地からも一般予防の見地からも極刑がやむを得ないと認められる場合には、死刑の選択も許される」として無期懲役にした原判決を破棄して原審に差し戻した。

この二つの判決によって刑法の死刑を定めた規定が憲法に違反するものではないとする最高裁の立場はきわめて明確なものというべきである。

私は良心と法律にしたがって法を適用すべき立場の裁判官として、死刑についての判例の法解釈を否定する法理論、価値基準を見出すことはできなかった。憲法三一条が死刑を否定していないこと、個人の尊厳、人権の尊重も犯罪の一般予防、社会防衛という公共の福祉のために制限されるという法解釈は論理的に成り立つものであった。そして人間の自己の行為についての責任のありかたという根源的な問題、被害者に対する倫理上の責任、正義が要求するところの公平などから考えると死刑制度を否定する価値観を見出すことはできなかった。

死刑廃止をめぐる議論

誤判のおそれがあることが死刑廃止の理由の一つにあげられる。誤判による死刑執行の結果は回復不能で窮極の人権侵害であることはいうまでもなく、誤判を避けるために細心の注意と努力をしなければならないことは当然である。そのために裁判官は全知全能を傾け、心血をそそいで事件に取組むのである。いささかでも疑問があれば死刑判決を避けることになるであろう。もちろん人間の営みであるから絶対に誤りがないということはないとしても、絶対に誤りのないことを求めて全力を傾けた確信のもとに判決を言渡すのである。

誤判をしないという傲慢なこころではなく、被告人と被害者の命に対する畏敬の念と謙虚さをもって審理にのぞむのである。それに対する信頼の上に裁判制度が成り立っている。私が裁判長として死刑判決を言渡した被告人に死刑が執行されたことが最近の新聞に報じられた。一人の人間の人為的な死に自分が関わったことについての思いは様々でその重み、深さは言葉をもって尽せないほどのものであり、こころの痛みというべきものであるのかもしれない。しかし、それは裁判官という職にあった者としての当然の苦しみであり、悩みであるとして、正面から向き合って克服しようという姿勢をもつように努めた。

裁判員制度では裁判員は有罪、無罪のほか量刑判断までするることになるが、このような悩みや苦しみは職業として裁判官になった者が担うべきものであって、これを一般市民に課することの妥当性については疑問をもたざるをえない。

死刑を廃止した国において、死刑を廃止しても凶悪犯が増えていないから死刑に犯罪抑止力も一般予防の効果もないといわれることがあるが、これは死刑の合憲性の判断資料というよりも、その事実の有無をふくめて立法の際の判断資料となる。

死刑廃止の理由として、死刑廃止が世界の趨勢であるといわれる。

平成二〇年一月現在、

全面的な死刑廃止国　九一

通常の犯罪（戦時の逃走、反逆罪をのぞく）について廃止　一一

事実上廃止（制度は存置しているが過去10年間死刑が執行さ

れず、死刑執行しない政策または確立された慣例のある国）　三三

合計　一三五

過去一〇年に死刑を執行した国　六二

米国は　死刑を廃止した州　一三

　死刑を憲法違反とした州　二

　過去一〇年に死刑を執行しない州　三三

これが世界の状況である。

わが国では平成一六年一二月内閣府の世論調査の結果は、

どんな場合でも死刑は廃止されるべきだ　六％

場合によっては死刑もやむを得ない　八一・四％

わからない、一概に言えない　一二・五％

であったが、平成一一年九月の世論調査によれば、死刑存置もやむを得ないとするものを含めた死刑賛成は、七九・三％であった。

刑訴法四七五条一項は、死刑の執行は法務大臣の命令によるとし、同条二項は、この命令は判決確定の日から六ヶ月以内にこれをしなければならないと定めている。

判決確定後死刑が執行されるまでの期間は、平成二〇年一二月の新聞によれば過去一〇年は平均八年であったが平成二〇年は、五回にわたって一五人の死刑が執行され、判決確定から執行までの最短期間は一年一〇ヶ月であり、判決確定から執行までの平均期間は四年一ヶ月になったと報じている。最高裁が死刑判決を言渡した被告人の数は平成一九年が四八名、同二〇年が二七名であった。

短期間に多くの死刑執行を命令した法務大臣を社説で「死に神」と評した新聞社が大臣の反論を受けて謝罪したのもこの年であり死刑をめぐる情勢、国民の関心は動きつつあるように思われる。

死刑制度の存廃については、国民感情に加えて世界の動向をみながら、各国の歴史、伝統、文化水準、社会状況、法律制度、裁判制度、それを支える法律家の資質の相違などを考慮して決められるべきことであろう。裁判をするに際して、世界の趨勢、世論に重きを置きすぎることには疑問があり、死刑制度の存廃は立法によって決すべきことである。

死刑と人間の尊厳

平成二二年八月、これまで秘密のベールに包まれていた死刑執行場所がはじめて公開された。死刑制度の存廃について国民が判断するためには死刑判決の言渡しを受けた者が一般的にどのような環境でどのような生活をしているのかという処遇の内容、死刑執行の順が決まる過程や何時、どこでどのように執行されるのか、執行後の処置、死刑囚の関係者の関与の内容など死刑に関する情報を可能なかぎり公開して、そのような知識を前提に死刑制度の存廃についての議論がなされるべきであると考える。

死刑に代えて仮釈放のない無期懲役を定めるべきであるという考えがあるが、人は、生の内容にかかわりなく、ただ生きていること自体に価値を認めることができるか、それは人間の尊厳についての価値観によって異なるのであろう。

私は内容の伴った生こそ人間の尊厳にふさわしいものであって、ただ生かされている生に人間の尊厳を認めることはできない。

また、死刑判決確定後の獄中生活において人間的に成長し、処刑に立ち会った者に感動を与え、あるいは歌人として高い評価を受けた死刑囚があることも伝えられているが、それは死刑判決によって死に直面した厳しい生活があったがために到達し得た境涯なのだと思う。

裁判への信頼

被害者の一人をナイフで殺害し、もう一人をホテルのチェックアウトの時間がせまったので電動ノコギリで殺害することとし、怖すぎるので先に殺してくれという懇願を振り切り、生きたまま首を電動ノコギリで切断して殺害したという事件について、平成二二年一一月横浜地裁は裁判員裁判として初めて死刑の判決を言渡した。判決言渡し後の説示で裁判長は被告人に「重大な結果なので控訴することをすすめる」と述べたと伝えられる。判決を受けた被告人としてはこれをどのように受け止めるであろうか。いかにも中途半端であやふやなものでとうてい納得することはできないであろう。裁判する者は全身全霊をこめて判断すべきであって、一点の疑いがあればそれを克服するまで審議すべきである。重大だから他の意見も聞いてくれというようなことで判決することは許されない。さらに言うならば重大な結果は死刑にかぎらず懲役刑とて同じことである。

このようなことがくりかえされるならば、刑事裁判に対する信頼を根幹から揺るがすものになるであろう。

関与した裁判員に死刑判決がどのような影響をおよぼすかということが論じられているが、それよりも被告人がどのように受け止めるのかという視点を忘れてはならない。量刑は、経験もなく、訓練もされていない裁判員に関与させないで法律家が経験と叡智をもって判断するということも検討すべきではなかろうか。

二　最高裁平成一三年一二月六日判決

私は、平成一三年一二月六日判決（同九年(あ)第六一四号）、強盗殺人、殺人未遂、強盗傷人、強盗予備被告事件について裁判長として関与した。

事案の概要

「被告人は、一八歳の時に女性（当時二四歳）の胸部を包丁で突き刺して死亡させ現金を奪うという強盗殺人によって無期懲役刑に処せられ、一九年服役して四七歳の時に仮出獄したが、服役中に心の支えとしていた姪との再会が果たせなかったことから落胆し、労働意欲も失い、自室に一人でこもって生活するようになった。被告人は若い頃、売春婦から病気を感染したことがあり、前記の強盗殺人事件もそれがきっかけになったと考えて、若い女性に対して憎しみの気持ちを抱き続けていた。

昭和六二年八月一六日、自室にこもっている時に若い女性に対する憎しみの気持ちが募り、若い女性を刃物で刺してやろうと思い、果物ナイフをもって出かけ、マンションのエレベーターホールで出会った女性（当時一九歳）の左背部を果物ナイフで突き刺して傷害を負わせる殺人未遂を犯し、同年九月一七日に独り歩きをしている女性を襲って金品を強取しようと決意し、マンションのエレベーターホールで女性（当時一八歳）の頭部等を金属製パイプで殴打するなどしてセカンドバックを強取して強盗傷人を犯した。

同六三年一月一五日、被告人は外を通る若い女性のはしゃいだ声を聞いて、若い女性に対する憎しみの気持ちが高まり、若い女性を刃物で刺し殺して金品を強取しようと決意し、刺身包丁をもって自室を出て、地下鉄の通路付近を一人で歩いていた女性（当時一九歳）を認め、同女の胸部を刺身包丁で突き刺して殺害したが、駆けつける人の足音を聞いて逃走したために金品強取の目的を遂げなかった。さらに、同月三一日通行人から金品を強取しようと企て、路上で刺身包丁を携帯して強盗予備を犯した」事案について一、二審の死刑の判決に対して上告がなされた。

被害者の生命の重さと償い

第一小法廷は審議の結果全員一致で上告を棄却した。人の生命は地球より重いというが、被告人は、自己の欲望のおもむくままに、通りすがりの若い女性に通り魔的に襲いかかり、何の罪もない若い女性の生命を理不尽に奪い、所持する金品を強取した。被害者には何の落ち度もなく、たまたまそこを通りかかったために殺害される、その恐怖と驚愕、春秋に富む将来を失った被害者の無念、残された者の悲しみは、はかりしれないものがある。

犯行現場の凄惨、無残な状況、解剖に付され物体と化した被害者の姿。変わり果てた被害者の姿を目のあたりにして、突然に襲われた不幸に驚愕、狼狽し、それまでの平穏な生活が、悲嘆と苦難にみちたものに変わってしまった現実に戸惑う家族。その事実をまえにして、すべての死刑廃止論は私にとって現実を無視したむなしい机上の空論に響いた。

それは法理論を越えた、人間としての生き方、倫理観にかかわるものであろう。筆舌に尽しがたい悲惨な現実を目の前にして、死刑を否定するとするなら、被害者の生命の重さをどのように考えるのであろうか。被害者の生命の重さと、自己の生命の重さをどのように思うのであろうか。人の命を奪った者は、己の命で償うことを求められてそれを拒むことが許されるのか、それは正義に悖ることになるのではないか。

死刑判決の言渡し

死刑判決の言渡しの日は朝から気が重い。冷たい雨がいっそう陰鬱をさそう。

傍聴者四〇名余。死刑に反対する会のメンバーらしき人も数名いる。写真撮影の二分が長く、苦痛に感じる。「本件上告を棄却する」と主文を読み上げるのと同時に「死刑反対」「死刑を見直してください」と叫ぶ女性、「死刑反対」と書かれたものを掲げる人。ときには傍聴人が「人殺し」と叫んだりすることもあると聞いた。死刑の存否は冷静な場で議論されるべきものであろう。

騒然とした法廷から審議室に戻っても、直ちに審議をはじめる気持ちにならない。被告人の顔を見ない上告審でさえそのように感じるのだから、被告人と対面し言葉をかわす事実審、とくに一審の裁判官の気持ちは察するに余りあるものがある。

V　裁判官として

平成一三年五月、少女買春で、児童買春・児童ポルノ法違反を犯した東京高裁の刑事裁判官はその動機について「刑事裁判を担当する重圧から逃避した」「刑事裁判を担当するストレスを解消しようとした」と述べたと伝えられている。特異な例とはいえ職業裁判官でさえこのようなことがあり得るのだとしたら、裁判員はどのようにしてこのような重圧を克服することができるのか。裁判員制度の説明においてはこのような厳しさについても明確に国民に伝えなければならない。

一　裁判官倫理が問われた事件

平成一三年(分)第二号　裁判官に対する懲戒申立事件

裁判官分限法によれば最高裁判所は高等裁判所裁判官に係る分限事件について裁判権を有し（同法三条二項一号）大法廷でこれを取り扱う（同法四条）と定めている。高等裁判所の刑事裁判官が、捜査担当検事から、裁判官の妻が被疑者として捜査の対象になっていることや、その捜査情報を伝えられ、事実関係を確認して何らかの処置をするように告げられて弁護士を紹介された。裁判官は妻から事情を聴いたうえ、伝えられた捜査状況の分析、疑問点や反論を記載した書面を妻の弁護人に交付するなどした行為が裁判所法四九条の懲戒事由（職務上の義務に違反し、若しくは職務を怠り、または品位を辱める行状）にあたるとして裁判官分限法に基づく懲戒申立事件が大法廷で審議された。

犯罪の嫌疑を受けた妻が否認しているとき、夫である裁判官は妻のためにどのような行為をとることが許されるのか。裁判官のこのような行為は裁判官倫理に反するか、あるいは妻を守ろうとするもので人間としてやむを得ない行為なのかについて意見がわかれ、人間としての情義と裁判官としての職業倫理が交錯する厳しい判断を求められた。

【事案の概要】

被申立人は、捜査担当の検事から、被申立人の妻が、いたずら電話や無言電話をかけたとして被害者から告訴されていること、警察の捜査の結果何時でも逮捕できる状態にあること、事件関係者の相互関係、妻が犯行に使用したとされる携帯電話の番号などを告げられ、事実関係を確認して妻がそれを認めた場合には早急に示談などの処置をとった方が良いといわれ、その際弁護士を紹介された。

被申立人は直ちに、妻に被疑事実について質したところ、妻はこれを否定した。被申立人はその日のうちに妻を伴って弁護士事務所に行き、検事から聞いた話を説明し、弁護士も事実であれば早く認めて示談すべきであると話したが妻は嫌疑を否定し続けた。その後、被申立人は妻が逮捕されるまでの間、何度も弁護士事務所を訪ね、弁護士の指示や自らの判断で、捜査状況の分析や疑問点を記載した書面を作成して妻と弁護士に交付した。

【多数意見】

裁判官は職務を遂行するに際してはもとより、職務を離れた私人としての生活においても、その職責と相容れないような行為をしてはならず、また、裁判所や裁判官に対する国民の信頼を傷つけることのないように慎重に行動すべき義務を負っているというべきである。このことからすると、裁判官は、一般に捜査が相当程度進展している具体的な事件について、その一方当事者である被疑者に加担するような、実質的に弁護活動にあたる行為をすることは、これを差し控えるべきものといわなければならない。しかし、裁判官も一人の人間として社会生活、家庭生活を営むものであるから、その親族、とりわけ配偶者が犯罪の嫌疑を受けた場合にこれを支援援護する何らの行為をすることもできないというのは、人間としての自然の情からみて厳格にすぎるものといわなければならない。

裁判官が、犯罪の嫌疑を受けた配偶者の支援ないし援護をすることは一定の範囲で許容することができる。しかしながら、裁判官が上記の義務を負っていることにかんがみるならば、それにもおのずから限界があるといわねばならず、その限界を超え、裁判官の公正、中立に対する国民の信頼を傷つける行為にまでおよぶことは許されないものというべきである。

被申立人の行為は、主観的意図はともかく、客観的にこれを見れば、被疑者である妻に捜査機関の取調べに対する弁護方法を教示したり、弁護人に、活動方針について示唆を与えるなどの意味をもつものであり、これにより捜査活動に影響が出ることも十分に予想されたところである。被申立人は、実質的に弁護活動にあたる行為をしたものといわなければならずその結果、裁判官の公正、中立に対する国民の信頼を傷つけたのである。

被申立人としては、裁判官の立場にある以上そのような行為は弁護人に委ねるべきであったのであり、被申立人の行為は妻を支援、援助するものとして許容される範囲を超えたものというほかはない。

被申立人の行為は、捜査情報の入手が受動的であった点や、妻の無実をはらしたいという夫としての心情から出たものとみられる点を考慮しても裁判官の職責と相いれず、慎重さを欠いた行為であり、裁判所法四九条に該当するものといわなければならない。

私もこの多数意見に与した。

【裁判官金谷利広　同福田博　同奥田昌道の反対意見】

「被申立人が作成した書面は、捜査機関や報道関係者に対し妻を弁護するために提出することを目的として作成されたものではないし、また、裁判官の地位を利用し外部の者に対し妻をかばうために作成されたものでもない。要領を得た供述、弁解をすることができない妻に代わって基本的にはその供述するところや言い分を整理されたかたちで代弁してやって、妻に対し今後、捜査機関の取調べを受けるにあたっての助けを与え、また妻を弁護してくれることになり、整理された書面の提出を求めている弁護士のため今後の弁護士活動のための参考資料、参考意見を提供することを目的としたものである。その作成、交付につき『実質的な弁護のための活動をした』などと評するのは誤りとまではいわないが、やや不適切な表現であるといわざるを得ない。

再三の確認と説得を試みたのにもかかわらず、否認し続ける妻に対し、さらに、なお説得を続けることは、夫に、妻の犯罪の嫌疑について確かな証拠に基づく強い心証がある場合は別であろうが、そうでない場合は『夫は妻である自分の話よりも他人の話を信じるのか』との妻の夫に対する不信を招くおそれがあり、これから先の夫婦の信頼関係に悪影響をもたらすおそれのあることであるから、夫としてはそれを考慮して、たとえ妻の話の真実性についても種々あるいは多々疑念を抱いた時であっても、その場は一応妻の供述や言い分を信じたことにして、それを前提とした行動に出ることも一つの選択として妥当を欠くものではないといえよう。本件書面作成時の被申立人の心情もあるいはこのようなものではなかったかと推測される。

被申立人のような状況に置かれた場合、裁判官でもある夫として、事実を要領よく語りえず、言い分をよく尽し得ない妻に対し、書面を作成するうえでの簡単なアドバイスのみをし、自分は手をかしてやれないから弁護士とよく相談し、その指示に従うようにと告げる程度にとどめれば、問題の生じないことは明らかである。しかし、それに対しては、それではいくら裁判官であるといっても、冷たいし人間味に欠ける態度ではないかとか、本件書面作成・交付程度の手助けをしてやった方がかえって人間として共感をおぼえるとかいう見方も国民の中にはあり得るところではないかと思われ、その見方が明らかに失当なものとは断じ得ないと私は考える。

裁判官の倫理違反と言い得るものであれば、その行為の性質、倫理違反の程度等を問わず、そのすべてが『品位を辱める行状』あるいは懲戒事由としての品位保持義務違反に当るとすることは、その字義に照らして相当ではない。裁判官に要請される倫理の中でも、高度のそれに属すると認められるものに反するということができない場合においては、その倫理違反が『品位を辱める行状』または品位保持義務違反とは到底いえない場合があることは認めなければならない。

被申立人の本件書面作成・交付行為は懲戒事由としての『品位を辱める行状』又は品位保持義務違反に当るとは到底いえないものといわざるを得ないと考える。」

裁判官倫理と親族の情義の対立、相克

法は刑事事件について、配偶者を含む近親者が刑事訴追を受け又は有罪判決を受けるおそれのある証言を拒むことができるとしており（刑訴法一四七条一号）裁判官が被告人の親族であるときなどには職務の執行から除斥されるものとしている（同条二号）。民事事件についても同様に証言拒絶権、除斥を定めているが、これは夫婦、親族間の情義、人間として求められる温かみなどを重視して一定の範囲で裁判官の職務の厳正さを妥協させこれらとの調和を図ったものといえるのであろう。

この事件は裁判官倫理と親族とりわけ夫婦について人間としてのあり方をめぐる難しい問題で、議論は多岐にわたり審議に相当の時間を費やし、回が重ねられた。裁判官倫理に基づく職務上の義務と人間として親族、夫婦間の情義が衝突するときに、どのようにすべきなのか。そして自分ならどのような処し方ができるだろうか。

反対意見は夫婦間の人間味、裁判官の人間味、人間性を重く考えて「品位を辱める行為」「品位保持義務に反する行為」のなかには懲戒事由にあたらない程度のものがある。本件における被申立人の行為

は妻に助言を与え、妻の弁護士に意見を述べるなどいわば身内の範囲におけるものであって、外部に働きかけたりしたものではないから実質的な弁護にはあたらず、いまだ懲戒事由にあたらないというのである。

妻が窮境にあるときそれを支援、擁護するのは人間の自然の情から出る当然の行為でありそれを非難するのは酷にすぎる、あるいは人間性に反するのではないかという思いが根底にあり、心情としてそれを否定しきれないものがある。人間性を重視する点において惹かれるものを感じるのである。しかし、被申立人の本件行為は、たんに夫婦間における支援、援護、助言をこえて実質的な弁護活動をしたという評価は否定しがたいものであり、また被申立人が担当する他の裁判において、本件を契機に被申立人に対し、裁判官として信頼できず、偏頗な裁判をするおそれがあることを理由に忌避の申立てがなされて、現実に職務の遂行に支障が生じるに至った。また国民に裁判所と検察が癒着しているのではないかとの疑惑を生じさせるなど、国民の司法に対する信頼を著しく損ないきわめて重大な結果をもたらしたもので、その責任も重いといわざるを得ない。

裁判官倫理と衝突する行為を夫婦の情義にしたがって行おうとするならば、その時点で裁判官の職を辞して行なうべきものであろうと考える。

客観的にはこのように考えるのであるが、自分がこのような事態に直面した時にどのような行動をとれるであろうかと考えるとなかなか結論が得られなかった。結局このような場合妻を支援、援護するのは人間として当然ではあるが、そのために裁判官としての道を外れたとしたら、そのことによるペナルテイを受けるのはやむを得ないのではないか。

日本の裁判官は公正、清廉を保持していることが司法の信頼を支える根拠の一つになっているのだから、それを損なう行為は懲戒に価いするものと考えた。

妻を弁護するなら裁判官の職を辞してやるべきだというのは正論ではあろうが、なにかよそよそしい、きれいごとのようにも思える。

しかし辞表が提出されているのだからそれを受理して幕を引くのでは安易にすぎる。危機に直面して人間はどう対処するか、あとになって批判するのは容易いことだが、自分の身を安全な場所において評論するのは卑怯なことだ。下級審の裁判官のなかには被申立人を懲戒処分に処した最高裁の結論は厳しすぎるという意見もあったときいたがそれも理解できると感じた。

裁判官倫理と親族の情義の対立、相克は一義的な結論が得られるものではなく、ただそのようなことが生じないことを願うのみである。そのためには、私生活を正していくことが求められるが、その結果、裁判官が自制しすぎてその生活が普通の市民生活と異なったものになったり窮屈になったりすることは避けなければならない。自由闊達で健全な市民生活、家庭生活こそが裁判官に求められている。

二　弁護士と裁判官

両者の相違

弁護士から裁判官になって、様々な場面で両者の相違を感じることがあった。

弁護士は依頼者や関係者からの情報や自分で蒐集した事実を素材にして事案を検討して法律構成をし、主張を組立てそれが相手方と裁判所に理解されることを求めて訴訟行為をする。その主張はある意味では一方通行的ではあるが、相手方を視野において裁判官を説得しようというのが基本的な姿勢である。

裁判官は対立しあう二つの一方通行の主張のどちらが正しいのかを判断する。双方の主張の対立が激しくなるほど判断も難しくなる。

憲法判断のような価値観あるいは世界観が結論に影響をおよぼすようなものについては客観的な基準を得ることは難しい。法律的知識に加えて全人格的判断をすることになる。判断の結果が個人的にどのような評価をされるかということは考えないで公正、公平、平等な判断が求められる。証拠に基づいて事実を認定し法律判断をする。

自己に有利な結果を追い求める弁護士の活動と根本的に異なる点である。

裁判官は判決の結果について何の利害関係を持たない。判決を言渡せばそれで事件は解決したことになって、自分の手を離れていくのである。

畏怖のこころ

しかし、両者の根本的な違いは、裁判官は判断者であり決定権を有する者であるということであろう。下級審裁判所の裁判官は決定権者としての厳しさが求められるとしても、制度上、上級裁判所によってその誤りを是正される機会がある。

最高裁判所裁判官はまさに最終的な判断、決定をしなければならない。それを可能にしているのはまさに国家権力であり、それを具現化した司法制度である。各裁判官は自己の判断がそのちからによって、個人をはなれて国家の最終判断として存在することになる。それを根拠づけ、支えるものは何であろうか。

それを神や仏に求める者もあるだろう。私の場合は職業に対する畏怖のこころであった。それはこのようなことを可能にしている国家権力、制度にたいする畏怖心であり、当事者に対し誤りのないことを願う謙虚な気持ちであった。

そういう気持ちを絶えず問いかけられることが、弁護士との決定的な違いであったように思う。

弁護士は判決が言い渡されてから忙しくなる。民事事件で敗訴すれば上訴するかどうか、上訴しないとすれば紛争をどのように解決するかを検討して相手方と交渉をするであろう。このような場合、勝訴した代理人としては判決内容そのままの実現ではなく、敗訴者の立場に思いをめぐらし、自分の依頼者を説得してぎりぎりの妥協点を探して、後にうらみが残らないような解決を求めることになる。勝ちすぎてうらみを残したのでは優れた弁護士とはいえない。

また、勝訴判決を得ても判決内容をどのように実現するか、たとえば強制執行をするのか、あるいは任意の履行を求めるのか、やらなければならないことはたくさんある。いかに内容豊富な判決を得ても実現できなければそれは絵に描いた餅にすぎないのだ。

刑事事件であれば、有罪判決を受けた被告人が収監された後の妻や子供との関係調整や家族の生活、被告人の勤務先あるいは経営する企業の問題解決を迫られることもある。

報酬

弁護士の経済的基盤は依頼者からの報酬である。事件処理に際し報酬のことが念頭に浮かぶと公正、公平な判断を誤り、適切な紛争解決を得られないことがある。人間は欲望に弱いことを肝に銘じ、事件処理については、自分の依頼者の利益だけでなく、相手方のことも考慮した最も適切な解決を求めるべきである。依頼者の要求を一〇〇％満たせる解決ができそうなときでも、それが事案の解決として適切さを欠くような時は、依頼者に自制を求めなければならないこともある。依頼者が説得に応じたうえで満足を得られるような説得力と人間的な力を持つようになりたいものである。

弁護士が企業から得る顧問料は事務所経営の安定の面で貴重なものであるがこれに依存しすぎると弁護士としての独立性が希薄になったり、公正な判断に影響を与えることがあり得る。私は弁護士当時、顧問料をきめるにあたってはそのようなことを考慮し、過大にならないように注意し、企業との付き合いも、自分の判断にくもりが生じないようなものに保つよう心がけていた。

最近、増えつつある企業内弁護士には弁護士としての正当性を保つためには相当強い自制心、克己心が求められると思う。新しい弁護士倫理が模索される分野なのだろう。

裁判官は「相当の報酬」を受ける。当然のことなのだが、私は裁判官になって生活感覚のうえでそのことがいちばん衝撃的だった。事務所経費のことはもちろん生活費のことも考えなくてよい。これまで賞与は払うものと思っていたのが受取ることになったのだ。そのようなおおきな俗事から離れて仕事に集中できるのは幸せと思う反面、弁護士はお金にこだわらないように注意しなければいけないと感じた。「お金がほしいのなら弁護士になるな。」という先輩の言葉を思い出したのである。

弁護士と裁判官の違い

事件についての弁護士と裁判官の考え方にはおおきな違いがあるように思われる。弁護士にとっては事件と当事者が密着しており両者を切り離して考えることはできない。依頼者と紛争、事件は直結していて事件イコール依頼者・人間の紛争なのだ。

裁判官からみれば、民事裁判手続きの中核をなす判決は、法規を大前提にして証拠によって認定した事実をそれにあてはめて結論を出すというものである。

まして書面審理を中心とする最高裁においては事件当事者との関係は間接的で希薄になりやすい。事件記録によって審議していても事件をめぐる具体的な人間像の浮かぶことが少ない。法律審として純粋に考えれば、上告理由の有無を検討すれば足りるということで当然のことなのであろうが、弁護士として事件に係わってきた経験を有している者からすると何か地に足の着いていないようなもの足りなさ、違和感があるのを否定できなかった。

弁護士は具体的な結果、現実的な利益を求め、当事者の利益、当事者に与える影響を第一に考える。当然のことながら、それに対して裁判官は法理論的側面を重視する。ときには紛争解決という観点よりも理論的結論を優先させたと思われることがないではない。

特に上告審では定数訴訟の事情判決にみられるような「高次の法的見地」から明文に反すると思われるような判断をすることもありうるのだから強い自己規律が求められるものといえよう。

弁護士は依頼者と十分理解しあい信頼関係があってはじめて円滑に訴訟行為をすることができる。依頼者と意思の疎通を欠くときは、意見が対立してそれを解消できなかったり、些細なことで不信感が生じたりしては訴訟において満足する結果を得ることは難しい。

裁判官も法廷において当事者、代理人、弁護人から信頼を得ることが円滑な訴訟運営のために不可欠であろう。裁判官は尊敬されるべき地位にあるのだからそれに甘んじてはならず、法服を脱いだ時に人間として尊敬されるがゆえに裁判官としても尊敬されるような人間としての力を身につけるように努力しなければならない。同様に弁護士は裸の人間としての尊敬を得られるよう日々努力をしなければならないと思う。

裁判官は非常識か

裁判官は非常識といわれることがある。弁護士は依頼者から聴取した事実や自分で蒐集した証拠から取捨選択をして法律構成をして主張を組立てる。裁判官はそれを前提にして判断することになる。裁判官の前にすべての事実が提示されるのではなく、当事者によって選択された一部の事実が提示されるのである。

数人の人に目隠しをして象を触らせたとしよう。その中の一人は象の耳に触れて「平たくて丸い」と言い、一人はその鼻に触れて「太く丸くザラザラしている」と言い、もう一人は尻尾をつかんで「細長い」と言い、他の一人は胴に触れて「大きい湾曲した板のようだ」と言った。これらは、いずれも事実として間違ってはいないが、象の全体像を正しく伝えているとはいえない。このような部分的事実を積み重ねて全体像を正確に判断することは極めて難しい。裁判官の判断の前提として法廷に提出される事実はこのような断片的あるいは部分的なものであることが少なくないように思われる。裁判官に正確な事実認定を求めるためには弁護士が裁判官にいかにして正確な情報を提供するかにかかっていることは間違いない。提供した材料が悪ければ良いものができないことは往々にしてあることである。他を批判するまえに己の訴訟活動に欠けるところがなかったかを顧みることも必要であろう。他方、裁判官も一部の不名誉な世評を振り払うための精進、努力が求められることも当然であろう。

Ⅵ　刑事弁護

刑事事件において国選弁護人が選任されるのは七〇％を超えるといわれるが、配点されてくる上告事件をみているかぎりではもっと多いように感じられた。上告事件のうち、明らかに上告理由がないといわざるを得ないものや、被告人は上告理由のないことは分かっていながら判決の確定を先送りしたいために上告したと思われるものもある。このような事件に私選弁護人のつかないことが上告審で国選弁護人が多いと感じる理由の一つかもしれない。このような事件の国選弁護人に選任された弁護人は、記録を精査して法律上考えうる理由を検討して上告理由書を作成、提出している、弁護人のそのご苦労には敬意を表する。しかし、例外的ではあるが上告審の弁護人の弁護活動について被告人が不満を訴えてくるものがあり、弁護人として反省しなければいけないと思うものもみられた。他山の石とするためその一部を紹介しよう。

不充分な弁護活動

被告人の上告理由書で、「一審の国選弁護人は裁判前に一度も接見に来なかったため事件の内容を理解しておらず、公判中法廷で何回も事実を聞きに来た。第二回公判前に一度面会に来たが裁判の打ち合わせはなく、『金がなければ執行猶予にはならない』とだけ言って帰った。弁護士にとってはたんなる一つの裁判かも知れないが、被告人にとっては一生を左右する裁判なのに許せません。」と主張する。

また、覚せい剤の譲受で起訴された被告人が、「弁護人は上告趣意書で『私が覚せい剤所持で有罪を受けている』と書いているなど事件の内容を理解していない。私が問い合わせても回答もくれないし、接見にも来てくれない。国選だと裁判所に都合のよい弁護士を選任するのかと考えてしまう。弁護士も裁判所も無責任で、これでは世の中に正義は行なわれない。」と述べた。

「上告審の国選弁護人は上告趣意書を提出しているが、接見は一度もなく、上告理由についての相談、話もなく被告人の承諾も確認もないままに提出されたのでこれに基づく決定は不当だ」とか、傷害事件において「自分は手を出していない、傷害行為におよんでいない。上告審の弁護人とは一度も話ができないのに勝手に量刑不当の趣意書を提出されて納得できない」ことを理由に異議申立てをした。

接見を求める被告人に対して「健康上の理由で接見に行けない」と弁護人が回答したことについて被告人は「病気を理由に調査もしないのは被告人の裁判を受ける権利を侵害するものだ。裁判所も健全な弁護人を選任すべき義務に違反している」と非難する。

この事件では、弁護人は記録を精査して適法な上告趣意書を提出していたが、弁護活動は弁護人と被告人間に最小限度の信頼関係が醸成されることが必要と考えられ、これは濃淡の差はあっても国選弁護人にも求められるものと思われる。

最高裁は弁護士会にこの弁護人の健康状態と今後国選弁護を依頼できるかどうかについての調査を依頼して、このような事態が再発しないように要請し弁護士会もそれに的確に対応した。

国選弁護は、かつては弁護士にとってまさにボランティアでありそれ故に若干の手抜きも許されると した時代もあったと思われるが、すくなくとも昭和三五年頃からそのような風潮は弱まり、司法研修所において、私選、国選にかかわりなく弁護活動は誠意を尽くし、全力をもって当るべきものであるという教育をし、これを受けた若い弁護士によって華々しい刑事弁護活動が行なわれるようになった。

平成二二年九月、東京弁護士会は、会員に対して「刑事上告審　弁護指針」として被告人の意思確認、接見の必要性、上告趣意書の被告人への伝達、被告人への充分な説明、などについての指針を示した。その内容は妥当なものであると思われたが、その冒頭に「国選弁護事件にあっては、弁護活動に一定の水準が求められますので会員の理解と協力をお願いする」とあった。

まさか国選弁護と私選弁護によって求められる水準が異なることを前提にしているものとは思わないが、昔の風潮が意識の潜在にあることが前記のような事件処理につながっているのかと思わせる文章であった。

被告人に上告理由の内容を知らせないことを不満とするものがあり、特にその内容が被告人の期待に沿わないものであるときは不満が大きくなる。被告人の上告理由書に裁判所は、上告理由書を被告人に送ることを義務づけてほしいというものもあった。

被告人との信頼関係のためには記録を精査して事件を理解することはもちろん、接見、書面などによる被告人とのコミュニケーションを密にすることが大切であることをつよく感じた。

上告理由書

一部否認の事件において、弁護人が否認部分の主張をしないで、情状論に終始したことについて被告人がきびしく批判したのは当然なことである。

また原審で無期懲役の判決のあった事件について、弁護人が数項目の表題を数行記載したにすぎず、あたかも簡単なレジュメを提出したのかと思われるようなものがあり、調査官からその弁護人に対してさらに詳細な主張をするよう求めたことがあった。これはきわめて例外的なものだが、弁護人としてはいかなる事件についても細心の注意を払い全力を尽くすべきものである。

弁護人の真実義務

一、二審で事実を認め情状弁論をしたが実刑になり、上告審で被告人が「私は捜査段階から否認していたけれど、弁護人から、認めれば執行猶予になるので認めろと強く勧告されたのでそれに従ったが、実刑になったのは納得できない」というのがあった。

実務では、あくまでも無罪を主張するか、あるいは事実を認めて執行猶予の判決を求めるか、悩ましい事案にであうことがある。

弁護人の真実義務は刑事事件において正義を支える重要な要素である。証拠を充分に検討して被告人に弁護方針を指導する弁護人の責任はきわめて重い。有罪率九九%を超えるといわれる日本の刑事裁判において、実務上無罪判決を得るのはたいへん困難なので、執行猶予という実利を求めて、争わない方針を選択することも考えざるを得ない場合があると思われるが、弁護人の真実義務について考えさせられた事件であった。

弁護士が一審の弁護活動を批判する

ある上告理由書で、「記録上、一審の弁護人は被告人と事前に充分な打ち合わせをした様子は見られない。被告人質問も要約調書で二文章足らずの粗末な尋問だった。

控訴審は事後審であるから一審の弁護活動が不充分であれば、控訴審で有利な情状証人を申請しても手遅れになる。それは被告人に弁護人の稚拙な弁護活動のリスクを負わせることになり、正当な弁護をうける被告人の権利を侵害したに等しく、著しく正義に反する量刑になっている」と一審の弁護活動の批判を量刑不当の上告理由の論拠にしようとするものがあった。充分な弁護活動が求められるのは当然であるとしても、この上告理由書について合理性と品格の点で違和感を禁じえなかった。

Ⅶ　最高裁判事への転身

一　就任までの日々

ことのはじまり

平成一二年二月二八日私が所属する東京弁護士会の一会派である法友会の浜口事務総長が突然事務所にやって来た。「東京弁護士会出身の遠藤裁判官が定年退官されるのでその後任者を選考している。私を推薦しようと思うがどうだろう」ということであった。

最高裁判所裁判官になるというようなことは私の意識にはまったくなかったので、「そんなことはあり得ませんよ」と答えた。浜口さんとはなんでも話し合える親しい友人なのでこの申入れは彼の思いつきであろうくらいに受け止め、また、当時、遠藤裁判官の後任を強く望んでいる人があるとの会内の噂も聞いていたので「当て馬になどしないでくれよ」と軽口をたたいたりして別れ、これでこの話は終わったものと思った。

ところが三月二日、法友会の源幹事長と浜口事務総長が事務所に訪ねてきて「法友会として東弁に推薦したいので承知してほしい」との申入れがあった。

「私は平成五年度の東京弁護士会の会長、日弁連の副会長を兼任して、任期中は弁護士会を代表するものとして裁判所とも交渉をしてきた経緯があり、そのような立場にあったものが、裁判所から選択されるような立場にたつことは、弁護士会のためにならないし、私の気持ちのうえでも容認できないものがあるのでお断りしたい。ほかにも適任者があると思うので最善の人事を考えてほしい」と答えた。

三月四日　浜口さんから電話。わがままかもしれないけれど私の考えをつらぬきたいのでお断りする旨を伝える。

三月六日　源幹事長から「今日東弁内の各会派の集まりで、本人の承諾は得ていないが法友会としては深澤を推薦したいと表明したい」旨の電話があった。

本人の承諾がないことを明確にするなら法友会の立場もあるのだろうからそれはやむを得ないと思った。

三月八日　源幹事長より「東弁に推薦状を提出するから了承してほしい」との電話がある。ここまできたのでは事務所を引きつぐ弁護士の娘と息子の意見を聞かなければなるまいと考えた。二人の意見は「死んだと思えば何とかなる。生きているだけやり易いのではないか」「人生の締めくくりにすればいい」などというものだ。若い二人にそう言われると気が楽になって推薦状を出すことを承諾する。

当時、私は通常の弁護士業務に加え、品川区の教育委員長を委嘱されていた。そこでは全国ではじめて小学校の通学区域を廃止して、入学する学校を父兄が決定する自由選択にする制度の導入を図っており、それを巡って意見が大きく分かれ、区民の関心も高く教育委員会には珍しく傍聴人があり、テレビ放送されるような状況であった。　また、法務省の人権擁護推進審議会の委員としてこれまでの論点整理のため四月から発足する小委員会への参加を求められていた。六本木の大規模な再開発の監査委員として地権者の利害調整等の作業はピークを迎えつつあった。新しく建設する弁護士会館の敷地の地代額について法務省と交渉する地代協議会の座長として法務省との協議が最終局面を迎えていた。

このような状況にあったのでその環境を変えて新しい世界に入ることには躊躇せざるを得ないものがあった。

弁護士会の推　薦

推薦状を提出したことによって私は推薦をうけた者として弁護士会の定める手続きに従ったレールに乗らざるを得なくなった。

三月一〇日　東弁の最高裁判事選考協議会と人事委員会の合同協議会で、私とM弁護士の二人が所信表明をすることになり、私は弁護士としての在り方、最高裁についての考え、陪審、法曹一元について等約一〇分所信表明をする。

協議会と人事委員会は別個に検討の結果二人を適任として東弁会長に推薦した。このことについて、二人を推薦したのでは所信を聴いた意味がないし、協議会として見識に欠けるとの批判があり、理事者も検討したが結局二人を日弁連に推薦した。この結果、日弁連の最高裁判所裁判官推薦諮問委員会には東弁から二名、二弁、京都から各一名　合計四名が候補となった。

五月二九日、四名が日弁連の最高裁判所裁判官推薦諮問委員会の委員と「面談」をすることになった。「面談」では候補者が別々に与えられたテーマを中心に一五分所信を述べた後一五分程度の質疑応答をする。

委員会の設置要綱は「会長の諮問に応じ最もふさわしい候補者を答申すること」とあり、その運用基準は「国民の負託に応えられる最もふさわしい候補者を答申することができるように必要な事項を定める」とある。

私に与えられたテーマは、

① 最高裁判所の現状と果たすべき役割についてどのように考えるか。

② 法曹一元および陪審制・参審制の導入についてどのように考えるか。

というものであった。

私は、三淵初代最高裁判所長官の就任にさいしての挨拶「これからの最高裁判所は……国会、政府の法律、命令、処分が憲法に違反した場合には断固としてその憲法違反たることを宣言して、いわゆる憲法の番人たる役目を尽くさねばならない。……裁判官たる者は、法廷の一隅にうずくまっていてはならず、視野を広くして、政治のあり方、社会の動き、世界の変遷、人心の向きように深甚の注意を払って、これに応ずるだけの識見、力量を養わなければならぬ。私たちは民主的裁判所の建設、感性にむかって怠ることなく、不断の前進を始めます」を引用して、この精神は今も引き継がれるべきものであることを述べ、次いで、違憲立法審査権、国民の司法参加、法曹一元などについての考えを話した。日弁連が最高裁にどのようなかたちで推薦したのかはまったく判らない。

これまでと同じ業務、日常生活を送る。

内定通知

平成一二年七月二五日午後九時、最高裁人事局長から「本日、長官が総理と面会して遠藤裁判官の後任に深澤さんを推薦し、内定した。九月八日の閣議で決定、九月一四日認証式の予定なので準備をお願いしたい」との電話がある。

ほどなくＮＨＫから「明日のニュースでながします」との電話がはいる。

当日の日記「明日から仕事の整理をして、事務所の引継ぎを始めなければならないと思うと気が重い。言動も慎重にしなければならないが自然体でいこうと思う」とある。

翌朝七時、平山東京弁護士会会長からお祝いの電話で起こされ、その後もニュースで知った方々からお祝いの電話が続くが事務所に出かける。

お祝いの言葉を頂くのは有難いが、自分の気持は、職務の重さと緊張感に支配されていてお祝いの言葉を素直に受け容れることができず、なんとなく違和感があるのを否定できなかった。

この日から認証式まで、継続中の事件の依頼者に事情を説明して代理人を辞任し、他の弁護士に引き継ぐことの了解をしてもらう。

顧問会社を訪問して、顧問契約を解消して後任弁護士を紹介する。みな好意的に対応してくれたのは有難かった。

破産管財人も辞任し、弁護士会のいくつかの仕事の引継ぎをする。また、任期途中で監査役を辞任したため臨時株主総会を開催しなければならなくなった会社もあり、たいへん申訳ないと思った。

任期途中の法制審議会委員、人権擁護推進審議会委員、区教育委員の辞任、大規模な再開発組合の監査委員の事業途中での辞任など多くの方々に迷惑をかける心苦しい日が続いた。

公訴事実を争っていた刑事事件の被告人に拘置所で接見して、弁護人の辞任を申し入れたが、理由を明らかに言えないため「事件の見通しがないのか」「私を見捨てないでください……」などと言われたのは辛かった。

一五年くらい例会を休んだことがなかったロータリークラブだが、毎週の例会出席は難しいと思い退会した。

「真実かどうか　皆に公平か　好意と友情を深めるか　皆のためになるかどうか」というロータリーソングは裁判のこころに通じるものがあると思った。

数年前、遺言執行者として遺産を基金とする公益法人の設立申請をしたが、担当者が代わるたびに同じ質問をされ、同じ説明を繰り返して漫然と時がすぎ遅々として進まなかったが、担当者に事情を説明したところ、旬日の間に認可され、長年の懸案が解決しお荷物を残さないですんでほっとしたが、そのような役所の仕事ぶりには疑問を感じるところがあった。

九月八日　午前一〇時頃、秘書課長から「最高裁判事任命の閣議決定があった」との連絡があり、続いて認証式その後行われる記者会見について説明したい旨の電話がある。

「私が裁判所に伺いましょう」という、それが弁護士の感覚なのだ。しかし秘書課長が事務所に来てくれるという。なるほど、もう弁護士ではないのだと感じる。過去の記者会見の資料や認証式の所作、段取りなどの説明をうけて、いよいよ始まるのだなと思う。

閣議決定があったので、これまでお世話になった方々に挨拶の電話をし、父の墓前に報告する。生前「人生いい時も悪い時も自重しろよ」と言っていた父の顔が思い浮かぶ。

司法研修所で相教官だった刑事局長から最高裁における弁護士出身裁判官の立場、裁判所の習慣　調査官、事務局、書記官、秘書官などとの関係、裁判官の日常生活などについて率直な話を聞く。

登庁、退庁時間は比較的自由なこと、私生活の面で特に拘束されることはなく、休日のゴルフや自分で自動車の運転をする裁判官もおり世間でいわれているような制約はない。外部の会合の出席、交際は事件関係者を除けば自由だが、忙しくてそのような時間がなく、事実上できないだろうなどと、かつての相教官だからこそ話してくれることと感謝する。弁護士出身であっても、弁護士会の利益代表ではなく、広い国民的立場で考え、行動することが期待されている。

最高裁に前任者の遠藤裁判官を訪ねて最高裁での生活ぶりなどを聞く。殆ど記録読みと審議で一日がすぎていく。運動不足になるのでストレス解消と体力の保持に気をつけなければならないようだ。事件については、審議途中の大法廷事件が一件あるということだけで、その他の話はない。裁判官は独立なので、すべて自分で考えろということなのだ。

当日の日記「激務ときくが、それは覚悟のうえだ。責任のある仕事で楽なものはない。そう考えれば不安はない。事件の代理人としての弁護士との交際は避けなければならないが、それ以外の弁護士、弁護士会との関係や私生活での人間関係は狭くならないようにしたいものだ」

それにしても新聞辞令から閣議決定までは、世間には知られたが正式には決まっていない、それにもかかわらず就任のための準備、整理をしなければならないという中途半端で過ごしにくい時期であった。

弁護士の登録抹消

九月一三日　弁護士として最後の日　午前中、特定調停の申立と離婚調停申立の打合わせに立会う。これで弁護士として事件に関与することもなくなるのかと思うとすこし淋しい。午後、弁護士会の事務局から「弁護士の登録抹消手続きが終了したので弁護士バッジを返還して下さい」との連絡がある。突然、拠りどころを失ったような頼りないものを感じる。

事件は全部辞任した、顧問先とは縁がきれた、弁護士登録は取消した、弁護士バッジを返還しろという追討ちがあり、これで四〇年の自分の弁護士人生は終わった。弁護士としての自分のお通夜を出したような気持ちになる。

弁護士生活四〇年の私ですらこのように感じるのだから、若い弁護士が任官する時は、このようなことを事務局任せにしないで理事者が、仲間を送り出すのだという気持ちをもってきめ細かい配慮をすることが、若い有能な弁護士任官を増やすことにつながるのではないかと思う。

新聞辞令の日から、今日まで大勢の人からお祝いの言葉や励ましの言葉をもらった。弁護士の仲間から「弁護士として語り合ってきたことを忘れるな」と言われたのが印象に残る。「初心を忘れるな」という戒めと受け取る。

大学時代の友人の「体に気をつけて無事にもどって来い」という言葉に友情を感じる。忘れかけていた小学校、中学校時代の旧友からもお祝いやら励ましの手紙が届く。

すっかり忘れていた三十数年前の依頼者から「お蔭さまで幸せに暮らしています……」との手紙には

弁護士冥利を感じた。

家族や親しい友人から、事故をおこすといけないので自動車の運転をしないように強くいわれて生返事をしていたのだが、数日後、車庫に自動車が見えない、聞くと、妻が処分をしてしまったのだ。万事窮すであるが、大勢の人に支えられて今日の自分があることに深く感謝する。しかし自分の中では、緊張感と肩にのしかかる重責感が先行して、お祝いを受ける心境とは遠いものがあった。

二　認証式

九月一四日、朝から雨。目が覚めていつもと違う自分に気がつく。認証式、それでなんとなく平常心ではない自分になっているのかと反省する。

認証式は一四時の予定。一三時に裁判所の車で法曹会館に行く。これまでしばしば使って慣れているはずの法曹会館がいつもとは違うように感じるのはこちらの気持ちの問題か、あるいは支配人の挨拶がいつもより丁重なためなのか?

一三時三〇分皇居に向かう。坂下門を入って坂を進み、左にまがって宮殿の南車寄せに着く。車から降りるとカメラを持った方が「お写真をお撮りします」と三〜四回シャッターをきる。

南溜まりといわれる広いホールから右手の階段を上がり「波の間」の正面に東山魁夷画伯の波濤が迫ってくるような雄渾な「朝明けの潮」が飾られている。重厚な安定感と明るい雰囲気で気持ちが落ち着く。係りの誘導で広い回廊を進む。南側はふわっと盛り上がるような緑の芝生に松の黒い幹がよく映える。

北側は白砂がひろがり、そのコントラストの妙に感心しながら、「千草の間」に案内される。

認証式に侍立される保岡法務大臣はすでに到着して陛下に内奏されているとのことで、その間、最高裁秘書課長、宮内庁の式部官長、南アフリカ全権特命大使として認証を受ける外交官と一緒にお茶をいただきながら式部官から認証式の手順、所作の説明を受ける。

侍立大臣から官記を受けた後、式武官が陛下に紹介し、陛下からお言葉があるが「返事はしないことになっています」という。秘書課長から事前に式の手順を記載した書面をもらっていたが、現場で説明されると理解しやすい。「弁護士は事件の現場を自分の目で確かめろ」といわれることを思い出す。

ほどなく保岡法務大臣が「千草の間」にもどり、しばらく司法の現状や社会情勢について話をする。その間に陛下は官記に御名を記され御璽を押捺されるそうである。

間もなく式武官の案内で「正殿松の間」の入口近くまで進み、ふすまの外で椅子に座ってしばらく待つ。ふと、司法試験の口述試験の入室前の気持ちに似ているなと思う。

式武官の目礼による合図を受けて「正殿松の間」の入口にすすんで立ち止まる。陛下は正面の高い背もたれの玉座の前に立っておられる。一礼をしてから三〜四歩進んで立ち止まって軽く礼をした後、侍立大臣の横に進み、陛下に最敬礼をして侍立の法務大臣から官記を受ける。うしろから式武官が「最高裁判所判事　深澤武久」と呼び上げる。それが天皇に対する紹介である。

陛下は玉座の前にお立ちのまま柔和な表情で「重責ご苦労さま」とお述べになる。続きがあるのかなと思って待つけれど何もない。なんとなく返答をしたい気持ちになる。「返事をしないことになっている」という説明はこのことかと思う。回れ右をして入口にもどり、そこで再び回れ右をして陛下に一礼をして退場する。無駄な会話、所作などいっさいなく、永い時間と経験を積み重ねて、すべての夾雑物を削ぎ落として造り上げられた簡素でみごとな形式美、そこに日本の歴史と伝統を感じる。

「千草の間」にもどって大臣、式武官長に挨拶をし、数人の式武官の案内で南溜まりまで進む。回廊の角々で式武官が軽く頭を下げて進む方向を手で示す。日常とは異なる所作だが、ここの雰囲気にはよく合っている。

南溜の記帳台に、格調の高い硯箱の硯に墨がすられてあり記帳用紙に、準備された筆で天皇、皇后両陛下各別に新任挨拶の記帳をする。

「平成一二年九月一四日
　新任御挨拶
　　最高裁判所判事　　深　澤　武　久」

よくすられた墨の香りと鮮やかな墨色で気持がしゃきっとする。

記帳をおえて宮内庁長官に挨拶をする。長官は「お会いすることも多いと思いますのでよろしく」と応えられるがその時はどのようなことか良く判らなかった。

外に出ると青空がひろがって気分は爽快、深呼吸をして車に乗る。

来る時とは異なり、桜並木が美しく優雅なたたずまいを見せる乾門から、桜の時はさぞ素晴らしいだろうと想像しながら退出する。

初登庁

認証式を終わって最高裁に行く。これが初登庁である。すこし緊張した気持と新しい仕事への期待、新鮮な気持ちで最高裁判所の正面玄関の階段をのぼる。

秘書官と事務官の出迎えをうけて定められた四階の自分の裁判官室に入る。「深澤裁判官」と書かれた木の表札が真新しい。専任の秘書官と女性事務官に初顔合わせの挨拶をする。部屋の大きいガラス窓をとおして皇居の緑が見える。

ここが裁判官生活の本拠になるのだと思うと緊張感と新鮮な気持ちが満ちてくる。モーニングから平服に着替えて長官室に挨拶に行く。

事務総長、人事局長、秘書課長、主席調査官と顔合わせの挨拶をして、長官の発声で乾杯をする。キリット冷えたシャンパンが渇いた喉を開くように流れ込む。それも一口だけのセレモニーで、すぐに各裁判官室に就任の挨拶周りをする。初対面の人も多いが、みな気持ちよく迎えてくれて仕事もやりやすいように感じる。おわって裁判官室にもどり秘書官から裁判官のバッチを胸に着けてもらう。

東京高裁、地裁、家裁の各所長、最高裁事務局が各部局別に挨拶にくる。弁護士時代に会務を通しての知り合いも多い。人の流れが一段落して椅子に座ると机の上に「深澤裁判官の未済事件　民事五三件　刑事三六件」と書かれたペーパーが目にはいる。おやおや、今日就任したばかりなのに……きちんと仕事をしろというメッセージなのだとうけとめる。

記者会見

五時半から共同記者会見がある。冒頭、就任にさいしての所感を聞かれる。

「最高裁判所は最終審としてその役割は大きく重いが法律審であるため当事者と接する

機会が少ないが、事件を記録としてみるのではなく、そこに関わる当事者、関係者の悩み、苦しみなどに配慮し人を大切にし、人間を中心においた判断をこころがけながら法の支配を実現できるよう責任を果たしていきたい。違憲立法審査権については三権分立を尊重しながら、国民の負託に応えられるような判断をしたい」と述べる。

各記者から　就任にあたっての抱負、最高裁判所の役割をどのように考えているか、法曹一元、陪審、参審など司法改革に関連する事項、弁護士になった動機や信条など個人的な事柄もふくめて約一時間くらい応答する。返答に困るような質問はなく、そうじて好意的な雰囲気のうちに終わる。

裁判官のバッチを着けて記者会見を終わらせたことで四〇年の弁護士生活がおわり、なにやら裁判所の人間になった気がしてくるから妙なものである。

これで就任初日が終わり盛り沢山で慌しかった一日を思い返しながら帰途につく。

九月一五日､敬老の日。昨夜は寝るまえ頭が重かった。初体験のことが多く、すこし緊張した一日だったせいかもしれない。

ゆっくり寝て、遅い朝食のあと近くの公園に犬と散歩をしながら、閣議決定から認証式までのさまざまなことを思い返し、これからの仕事、家庭生活に思いを巡らす。妻からは「私は弁護士の妻になることは覚悟してきたが、裁判官の妻になる心の準備はありません」といわれる。自分自身、裁判官になるとは思っていなかったのだから妻としてみれば戸惑いがあるのは無理もない。僕も暗中模索だが協力して新しい道をともに歩いていくことをお願いする。

朝刊の昨日の記者会見の記事を読む。「陪審は方向としては正しい」と言った点は参審制を示唆している最高裁の姿勢と異なるためやや強調して取り上げられている。言動は慎重にしなければならないが、必要なことはきちんと発言しなければならないとあらためて思う。

新しい仕事のために机とその周辺を整理する。人権擁護推進審議会の資料を整理してすっきりしたが、中間意見書が発表されて大切な時に辞任することになり、お世話になった関係者の方々に迷惑をかけることになったことに、心が痛む。

シドニーオリンピックが開幕したが関心がわかない。あたらしい仕事のプレッシャーがあるのかもしれないと思う。

三　就任当初の日々

挨拶回り

認証式、記者会見に続くのは就任の挨拶回りである。

最初に、東宮御所に皇太子ご夫妻を訪ねるが地方にお出かけで留守なので東宮侍従に挨拶をして記帳をする。記帳に準備されてある筆墨は皇居のものより、やや簡素である。東宮御所は皇居より木々が若く、構えも簡素で明るくゆったりしていかにも東宮にふさわしい感じがする。

国会にまわって衆参両院正副議長を訪ねるが在室して、お会いできたのは渡部衆議院副議長だけである。選挙区が会津若松で三淵初代最高裁長官の出身地でもあり最高裁に親近感があるということで、しばし話しがはずむ。副議長のお国自慢につづいて、弁護士が増えるのは良いが米国のような訴訟社会になることは避けなければならないと云う。森総理も同様な感想を述べられ、司法改革のなかで日本の法文化の伝統を失わないようにしたい、などと語り合う。

法務省で法務大臣、北島検事総長、藤島次席検事に挨拶をする。法律家同士はやはり話しが通じやすい。とくに検事総長は研修所が同期なので忌憚のない話をする。

弁護士会館で久保井日弁連会長、三羽事務総長、一木、藤村事務次長に就任するまでの経過でお世話になったお礼を述べる。司法改革について「在野として時流に迎合することなく理想と見識をもって進めるべきだろう」という趣旨を話したが、どのように受け止められたのであろうかと思った。渦中にいると「木を見て森をみず」の弊に気がつかないことがある。

東京弁護士会で平山会長、鈴木、高中副会長に挨拶をする。数日前までは我が家のようなところなのでホットする。

「バッチが変わりましたね」と言われて「そうだ、ここはもはや自分の職場ではない」とあらためて知らされる。

最高裁にもどり、新任裁判官歓迎の会食。長官の歓迎の辞、答礼、乾杯。話題は各裁判官の仕事ぶり健康維持の方法など和やかなうちに一時間ほどで散会する。

裁判官室で秘書官、事務官とこれからの仕事のやり方について細かい打ち合わせをする。出退庁の時間、専用車の使い方、休暇、旅行、給与の受領方法、健康保険、昼食のとり方、などの他、使用する文房具の種類、鉛筆の硬さまで気を遣ってくれる。事件処理に専念し、それ以外は全部まかせておけば良いという恵まれた執務環境に感謝をする。

法廷で着用する法服が届く。小法廷で着用するもので、大法廷用の法服は、後日採寸して作ることになる。

総務局、人事局、経理局、民事局、刑事局、行政局、家庭局の担当者が次々と入れ替わって所管の説明に来室する。未知の世界の実像がおぼろげながら、少しずつ姿を現してくる。

最高裁では所管の説明はあるが、事件の内容についての説明はない。事件の引継ぎもない。記録を読んで自分で考えるということである。司法の独立に由来するものである。就任当初は登庁して裁判官室にいっても、なにをしてくださいということもない。棚に審議途中の記録が置かれている。記録を読めということだ。審議に加わるまでに約二週間、勉強をして考えをまとめておかなければならない。

執務環境　最高裁の一五名の裁判官は五名ずつ三つの小法廷に配属される。私は第一小法廷に配属された。出身別では裁判官二名、検察官・行政官・弁護士各一名という構成である。

四階に第一小法廷の裁判官室五部屋と審議をする評議室が並んでいる。

各部屋は幅約七メートルの大きな二重ガラスになっていて、外の音は遮断されて静謐そのものである。目の前に皇居の森がありその手前にお濠が見える。

ここの住人になった九月中旬には、お濠の土手に彼岸花が咲き始めていて、数日後には土手の緑に緋毛氈を一面に敷き詰めたような素晴らしい景色になって沢山の人がこれを眺めて楽しむ姿が見られた。

一一月末には皇居の森の紅葉が見られ、秋が深まると街路樹の黄葉が舞い上がり、お濠に白鳥が静かに浮かぶ姿を見ることもあった。

冬には下から吹き上げてくる雪に驚いたり、皇居の雪景色の壮観に感動したこともあった。春には、名勝千鳥が淵の桜を眺めることができるなど四季を楽しめる恵まれた環境にあった。

その後、七月頃になるとお濠端の草をきれいに刈取るようになり、彼岸花が見られなくなってしまった。整備の都合もあるのだろうが、もう少し草花に配慮した手順がとれないものかと残念に思った。

最高裁の建物は石の砦のようで温かみに欠けると云われることがあるが、裁判官室はぬくもりのある木造りで、各裁判官は自室を自分の好みによって絵画や書を飾ったり陶器を置いたりして、こころが安らぐような工夫をしている。

窓の外側の一メートルほどの張り出しに貼られた石と石の僅かな隙間から、親子の三匹の雀が出入りしているのに気がついた。はじめに一羽がそっと隙間から出てまわりの様子を窺って安全を確認して合図らしいしぐさをすると、二羽の雀が出てきて三羽そろって飛び立っていく。その様子はいかにも可愛くて心なごむものがあり、雀の親子が現れるのを楽しみにするとともに、砦のような堅固で冷たい、近寄りがたい環境にも負けない、たくましい自然の営みが頭の疲れを癒してくれるのであった。庁舎管理の係からすると、衛生上問題があるので歓迎されないお客さんらしい。立場によってものの評価が異なるのは面白い。

裁判官室からの景色は平和で室内は静謐に包まれている。そこに運ばれてくるのは事件記録であって、それに関わっている当事者の姿が見えてこないことが弁護士時代の経験と異質なもので不安を感じ、それに慣れてしまうのが怖い気がした。

裁判官の年齢

最高裁判所は長官と一四名の最高裁裁判官からなる。任命資格は、法律の素養のある四〇歳以上の者で少なくとも一〇名は通算、裁判官一〇年以上、検察官、弁護士、法律学の大学教授、助教授二〇年以上その職にあった者と定められている。

平成一二年一月当時は、長官を含め裁判官出身六名、弁護士出身四名、検察官出身二名、行政官出身二名、学者出身一名、の合計一五名であった。歴代の長官、裁判官は一二五名で、女性裁判官は平成六年労働省婦人少年局長から任命されてはじめて誕生したがすでに退官され、現在（平成二三年）は平成一三年アイルランド大使から就任した横尾邦子裁判官が一名で、裁判官出身の女性裁判官はまだいない（横尾裁判官は平成二〇年一〇月退官され、後任に労働省出身の桜井龍子裁判官が、平成二二年四月には岡部喜代子裁判官が就任したので、歴代の女性裁判官は四名になった）。

最高裁が発足したときの最高裁裁判官の平均年齢は五九・三歳で五〇歳代の人が八名いたが、現在の平均年齢は約六七歳と高齢化している。その理由は定かではないが、裁判官出身の最高裁裁判官は高裁長官から就任することが多く、そのためある程度の年齢になって就任することになる。

弁護士会はこのことを考慮して司法研修所同期の裁判官が最高裁入りをした後に推薦するということが弁護士からの任官者の高齢化の原因の一つになっていると思われ、弁護士からの任官者の任期は比較的短いことが多い。

弁護士以外はこのようなことがないためか比較的若い人が任命されることがある。最高裁判事の定年は七〇歳であり、私の任期は三年五カ月と比較的短かったので、やり残したものもあるような気がして燃焼しきれないまま任期が終わった感じがあった。

小法廷の裁判官構成が安定していることが、事件処理の迅速化のためにも望ましいことであり、また裁判所にも慣れて充分に力を発揮して、よい裁判をすることを考えると最低五年程度の任期のあるのが望ましい。日弁連が候補者を推薦するについて、このような点も考慮してほしいものである。

アメリカの連邦最高裁裁判官は、上院の承認を得て大統領が指名する。上院では妊娠中絶や銃の所持禁止など政治的問題についての質問がでるなどの試練があり、指名を辞退したり、上院で拒否されることもあるなど政治的な色彩が強いようだ。日本では内閣が最高裁判事を任命する経緯は最高裁にいても知る機会はなく、国民は報道によって知ることになる。

アメリカでは指名時の年齢が四〇代〜六〇代と若いことが日本とおおきく異なる。しかも終身制で定年がないため在任期間が長くなり、平成一七年在任中に死亡したレンキスト長官の在任期間は三三年であり、在任期間が三〇年を超える最高裁判事は珍しくない。

余力をのこして退官させる日本の定年制は組織を活性化し、新しい考えを導入し時代の流れに適応していくためにも有効な制度なのであろう。日本社会の長寿化が進むにつれて七〇歳の人の体力は個人差が生ずる。余力をもって退官する人、よれよれになる人などさまざまだが、司法に若い血を導入し活力を保持していくためには日本の定年制は優れている。退官の時期が近づくと、主任事件のうち処理が遅れているものや難しい事件で後任者に迷惑をかけないよう任期中に処理しなければいけないと思う事件は、調査官に早めに報告書を出させて審議をする。そのため退官が近くなると忙しさがいっそう増してくる。

秘書官と事務官

各最高裁裁判官には書記官資格を持つ秘書官と女性の事務官が配置される。

裁判所法では「最高裁判所判事秘書官は最高裁判所判事の命を受けて機密に関する事務を掌る」と定められており、裁判資料の準備、整理、事件記録の整理、裁判官のスケジュールの調整、書記官との連絡、調査官との打合わせ、裁判官が起案した文書の誤字、脱字をふくむ形式的な検討などのほか公邸の管理に関することや裁判官宅との連絡などその守備範囲は広い。

私の秘書官・事務官は人物、能力　気配りすべての面ですぐれており、おかげで事件処理についてはもちろん、もろもろの雑事に煩わされずに仕事に集中できたことに感謝している。

事務官は秘書官を補助するほか、裁判官の身辺の世話や食事の世話をしてくれるが、食事の好みや嗜好品などにも気を遣ってくれて快適な職務環境を保持してくれた。

登庁すると持回り事件の記録が机のうえに山のように積まれている。審議や法廷のない日は一服した後、記録の山に取り掛かる。記録を検討して結論を出して秘書官に連絡すると、処理した記録と引き換えに新件の記録が運ばれてくる。あたかも賽の河原の石のように記録の山が絶えることがない。

お昼になると事務官が準備してくれた食事を独りで食べる。桜の季節や彼岸花が咲きそろったような時には、花に誘われて食事にでることもあり、また天気の良い昼休みに皇居周辺や尾崎記念館の公園を散歩することもあったが、同行する秘書官に気の毒で散歩に出るのも遠慮がちになり結局、食後は新聞を読んで一休みして、五時ころまで記録に取り組むことが多かった。

私の前任者までは就任すると公邸に入ることになっていたそうだが、私の時から入居は任意となり名称も宿舎と変わって、私生活に使用する部分の使用料を負担することになった。

生活の変化

私は弁護士時代、自宅で仕事をする習慣がなかったので気持ちを切り替え、弁護士から裁判官になったことを、形の上でも明らかにするために宿舎に移転することにし、いくつかの宿舎のうち自宅に近いものに入ることにした。七九七㎡の敷地に二〇八㎡の平屋の建物で、庭に面した明るい書斎で気持ちよく仕事をすることができた。また、このことは従来の依頼者と一線を画する点でも良かったように思う。

朝、八時四〇分頃、迎えの車で宿舎を出て、五時半頃帰宅し、夕食後、健康のためと任官後唯一の楽しみになった犬との散歩をしたあと、七時頃から一一時頃まで記録を読み、入浴して一二時頃寝るのがウィークデイの平均的な過ごしかただった。休日には近所を散歩したり、登庁日に読めない大記録や難しい記録に挑戦して一日が終わる。

弁護士時代から生活は大きく変わった。ほとんど定時に帰宅して夕食を家でするようになり、あまりの変化に妻も戸惑いがあったようだ。

私は、任期中は仕事に全力を投入しようときめていたので、趣味のひとつである読書からも離れようと思ったせいか、事件に関係のない本を読む気持ちになれなかった。

テレビはもともと、あまり見るほうではなかったが、ここに移り住んでからその傾向がさらに強くなった。この年に開催されたシドニーオリンピックも、高橋尚子のマラソン優勝に興味をひかれた程度で、その他の競技結果はほとんど知らないうちに終わってしまった。このようなことから、私も世事にうとい裁判官と言われるようになるのかもしれないなと思ったりしたことがある。

九・一一のテロの時も書斎で記録を読んでいたところに娘から「すごいことになっているからテレビをみてごらん」と電話で教えられ、テレビを見て驚いたのを覚えている。世の中の動きには鈍くなるかもしれないけれど、在任中に限ったことであり、仕事に集中するためには、なにかが犠牲になるのはやむを得ないと思った。ここにあるのは仕事だけで、憩いを求めない、憩いのない家は住まいではないという気持ちから宿舎を「無住庵」と命名した。

弁護士は多くの人に会い、事件の解決を求めて積極的に動く。裁判官はじっくりと記録を読み込んで事件の争点を見極めて判断をする。いわば動の生活から静の生活に切り替わったことへの戸惑いがあった。

最高裁裁判官の生活の中心をなすのは事件の審議、判決起案などの裁判実務であるがこれを離れたさまざまな生活がある。

四　年中行事

最高裁裁判官の一年は、一月一日、皇居の新年祝賀の儀に参列することからはじまる。これには、閣僚、衆参両院の議長、議員、認証官、知事などが参列する。

各裁判官は配偶者とともに一〇時四五分までに控え室「松風の間」に集まり、一一時、「竹の間」に移ると、天皇　皇后に皇太子、皇太子妃、親王、親王妃、内親王などが随従してお出ましになる。まず長官が新年の祝辞を述べ、次に天皇のお言葉がある。天皇をはじめ皇族の方々は正装で参列され華やかで厳粛な雰囲気である。

その後、豊明殿において、立席で祝酒をいただいて散会する。

また東京弁護士会が例年一月一〇日ころ行う新年会に東弁出身の最高裁裁判官は出席して挨拶をする。内容は各人が自由にきめることだが、弁護士、弁護士会に対する深い思いをこめていることが多い。

最高裁判所長官は内閣の指名にもとづいて天皇が任命し、最高裁判所判事は内閣でこれを任命し、天皇がこれを認証する。高等裁判所長官は天皇が任免することとされる、いわゆる認証官であるから、皇室と関わりを持つことになる。

皇室は年間を通してさまざまな行事が行われ、そのうちの幾つかは最高裁裁判官に案内がある。参加は午餐会を除けば任意で、興味をもった裁判官が出席することになる。私もいくつかの行事に出席した。

講書始めの儀

毎年一月皇居において天皇皇后両陛下が、人文、社会、自然の分野における学問の権威者の進講をお受けになる儀式で皇太子殿下ほか皇族方も列席される。

私は平成一五年一月一五日に行われた講書始めの儀を陪聴した。

題目は、いずれもはじめて聞く分野だ。正確さには疑問があるが、私が理解したと思われる範囲で紹介する。

●サンスクリット語について

サンスクリット語は二四〇〇〇年の歴史を持ち古代から現在までほとんど変わっておらず経典のもとになっており、インド上級社会の共通語で聖なる言葉といわれており、閻魔《えんま》、万寿沙華《まんじゅしゃげ》など現代日本語のなかにも生きているなど難しいことを分かりやすく説き、興味深いものがあった。

●　非晶金属と研究とその意義

非晶金属は従来の金属が元素の結晶体あることとの対象物で、強度があり、腐食しない性質はステンレスをはるかに超え、地球と同じ質量のものをサッカーボール一個に包摂できるものという。

●　遺伝子発現における選択的スプライシングへの展望

これは難しくてまったく理解できなかった。

当代一流の学者が難しい問題について20分くらい、やさしく丁寧に説明する、文化的雰囲気に満ちた清々しい行事である。

歌会始の儀

毎年一月天皇皇后両陛下の前で一般から詠進して選ばれた歌、選者の歌、皇族方の歌、皇后陛下の歌（みうた）、最後に御製（天皇陛下の歌）を披露する儀式である。

一般からの詠進歌は例年二万首を超え、その中から一〇首が選ばれる。

私は平成一四年一月一五日の歌会始めの儀を陪聴した。

歌題は「春」この年は一八歳の高校生の歌が選ばれている。弁護士時代に関与していた会社の役員の歌が選ばれて、宮中で顔を合わせお互いに驚いた。

宮殿の梅の古木に白い花が咲きふくよかな空気が流れる。

正面の屛風を背にして天皇・皇后が座られ、天皇の右手に男子の皇族、皇后の左手に女性の皇族が着席する。

天皇の正面に読師、召人《めしうど》が座り、天皇に正対して歌を選ばれた人一〇名、選者五名が座る。陪聴者六〇名。

一般から選ばれた歌が披露されるが、召人が歌の書かれた紙を読師の前に広げる。一人が音吐朗々とゆっくり古式豊かに抑揚をつけて読み上げる。続いて四人が平安の昔もこのようであったかとおもわせる古風な節まわしで、ゆったり朗々と一区切りずつ息を吸い込み、息を吐きゆっくり、ゆっくり歌い上げる。

天皇の歌は「おんみ歌」、皇后は「み歌」、その他は「歌」といわれる。

会が始まると歌を詠みあげる他は終始一声もない。所作はすべて侍従長の合図に従って進行する、まことに洗練された、古式豊かな雅の世界を堪能する。

終わって席を改め、お酒を頂いて散会。しばし俗世を忘れた二時間であった。

国内視察

毎年五月、憲法記念日を中心に憲法週間があるが、この時期、各裁判官は国内各地方裁判所を視察し、各地の実情について現地の裁判官をはじめ関係者からその地裁の事件を中心とする特色・問題点などを聴取し、現地の裁判官らと懇親をする。

私は初任の年は東京高裁、地家裁、その後、前橋、鳥取、松江の各地家裁を訪問して所長から管内の実情、特色、問題点や要望を聴き、裁判官や事務局を交えて懇談会を行う。宿泊をするときは、懇談会の後、立食パーティの懇親会で交流を深める。ある地区では外国人が増えて刑事事件の四〇％近くが外国人で共犯者の国籍が異なる時などを含めて通訳の確保が難しいとか、管内が東西に一〇〇㎞もあり、支部まで車で二時間半もかかるので合議体の構成に苦労しているなど、各裁判所がかかえる問題点や悩みがあり、各々が異なる環境のなかできめ細かい配慮のもとに裁判、司法行政をしていることを知ることができた。

憲法週間が終わった最初の裁判官会議では各裁判官が視察の報告をするので、広い範囲で国内の司法の実情について共通の認識を持つことができた。

長官・所長会同

六月には全国長官・所長会同が行われ、全国の高等裁判所長官、地方裁判所所長が最高裁に集まり、全国の各庁の情勢や問題点が紹介され、司法が当面する問題について意見交換が行なわれる。

私の在任中は司法改革、裁判員制度、訴訟の迅速化などの議題が多かった。

各国最高裁裁判官との交流

最高裁には毎年、外国の最高裁裁判官等が訪問され、意見交換やレセプションが行われる。在任中、スウェーデン、カナダ、ドイツ、フランス、タイ王国、韓国等最高裁長官や司法部首脳が来庁された。

また平成一五年九月には三六カ国の長官が参加する第一〇回アジア太平洋最高裁長官会議が開かれ、

「司法の独立及び司法腐敗」と「司法改革」のテーマのセッションが行われた。

ある国の長官は「腐敗は社会全体にあるのだから、司法にそれがあってもしかたがない。法律によって処罰し、予防していく」と発言し、また、他の長官は「裁判官も弱点を持った人間である。最後に帰依するのは神であるから裁判官就任時の宣誓に『神のお力添えを』と入れるべきだ」と、わが国の感覚とかけ離れた意見が出され、各国の実情を反映するものでたいへん印象深いものであった。

午餐会

毎年一一月に宮中の午餐会があり、天皇陛下と皇族一名、宮内庁長官、侍従長などが出席され、裁判所からは最高裁判事、高裁長官が出席して、四名の高裁長官がそれぞれ一〇分ずつ、管内の実情や、その地方の特殊なできごと、珍しい風習など自由なテーマでお話をする。天皇、皇族から質問がありときには鋭い質問もあり、担当する高裁長官はたいへん緊張するようである。短い時間ではあるが日本各地の裁判の実情などが紹介されて有意義なものである。終わって天皇、皇族と昼食をしながら肩の凝らない会話が続くのも楽しい。

新嘗祭《にいなめさい》神嘉殿《しんかでん》の儀

天皇がその年に収穫された新穀や新酒を天神地祇に供え、自らもこれを食してその年の収穫を感謝する祭儀で、例年一一月二三日、夕刻から「夕の儀」、深夜から二四日未明にかけて「暁の儀」が行われる。

参列者は「夕の儀」と「暁の儀」とともに参列するのが原則であるが、深夜長時間にわたって行われるために「夕の儀」だけの参列でもよいとされている。

参列者は諸員と呼ばれるが、五時五〇分頃半蔵門から皇居に入る。寒い季節なので毛皮以外の白またはグレーのような地味なものであればコートを着て、マフラーを着用したまま参列してよいとのことだ。控え所でカイロをもらう。職員の提灯を頼りに幄舎《あくしゃ》に案内され着床する。

幄舎の三方は屋根までの囲いがあるが、前の囲いは腰の高さほどで、椅子に座って見通せるようになっている。参列者はここに着席する。

親皇が幄舎に着床され、章典長が祝詞を奏し、天皇、皇太子が神嘉殿にお入りになる。

そこで神に神饌を捧げられる儀式が行われているが、帷の中で天皇と皇太子が行っている神事の所作の影がろうそくの灯の中にわずかに窺える。所作を伝える文書はなく、天皇から皇太子に父子相伝だが、毎年この行事に要する時間は一〇分と変わらないそうである。

神嘉殿の前庭の四隅に、直径一メートルほどとおもわれる焚き火をする穴が掘られ、四本柱が覆いを支えている。穴の前に藺草で作られたかと思われる円形の敷物があり、そこに神官のような衣装の者が胡座して薪をくべて、一メートルくらい燃え上がる炎が、参列者に対面した三方を板囲いした小屋風の建物に二〇名くらいの楽士が琵琶、笙を演じ、謡いのようなものを詠う姿をほのかに浮かびあがらせる。琵琶の響き、高い笙の音が闇の静寂をひとときは感じさせる。

周りは漆黒の闇夜で、職員のもつ提灯の灯が足元を照らすのみである。起立、着床は天皇がおられる幄舎近くの職員が上下に振る提灯を合図に、参列者のそばに控える職員が小声で所作を伝える。それにしたがって参列者は一人ずつ神殿に進んで礼拝し、控所に戻る。ここで直会として今年収穫された米で作った白酒（しろき）、黒酒（くろき）、温酒、などを戴く。

温酒は舌さわりは甘酒だが甘味はなく、すこし酸っぱいがとろりとして美味しい。白酒、黒酒は冷えた体にしみいるように美味しい。

これで「夕の儀」は終わって諸員は退出する。

午後一一時から「暁の儀」が始まる。「夕の儀」には四〇名くらいの諸員がいたが、「暁の儀」には一〇名ほどになっている。

「暁の儀」は「夕の儀」とほぼ同じだが、零時をすぎたと思われる頃から寒気がしだいに強くなってくる。琵琶、笙、謡の声の他は薪が燃えてはねる音がするだけで、神秘さが一段と深まる。夜がしんしんと深まり、闇夜の漆黒が体を重く締め付けるような、日常では得がたい空気の中にいる、神に近づいたような感覚、敬虔とはこのようなことかと思い知った気持ち、農耕民族としての日本国の原点に触れているような重みを感じる。

暗闇の中にただ座っている。時間が止まったような静寂の中で、日本の歴史の深さを感じ、その中で自分のこれまでの生き方を思い浮かべ、これからどのように生きるべきかを考えることのできた貴重な一夜であった。

「暁の儀」は午後一一時に始まり午前一時五分に終わる。そのあと暖かい吸い物と熱いお酒を頂いて退散する。ふつふつと楽しさ、心地よさが湧き上がってくるような一日であった。

この祭儀をはじめ皇室の行事の多くが皇室の私的行事とされているためか報道されることも少なく、国民が知る機会もないが、日本の歴史の深さ、伝統の重みを伝えることは意味のあることではないかと思う。

五　アメリカの裁判所

海外視察

各裁判官は必要に応じて海外視察をする。

私は平成一三年五月二一日から一四日の日程で、米国における陪審制度および公設弁護人制度の実情等について聴取する目的でニューヨーク、ワシントンDC、シカゴ、サンフランシスコの各裁判所、公設事務所等を訪問し、関係者から説明を受けた。

これらについてはすでに多くの論文等が見られるので、私が現場の関係者から聞いたこと感じたことを述べることとする。

法曹養成

ニューヨーク南部地区連邦地方裁判所でラコフ裁判官を訪問すると今日は珍しいことが行われると法廷に案内される。

そこではニューヨーク南部地区連邦地方裁判所で訴訟活動を希望する若い弁護士が認証をうけ、宣誓をするセレモニーに立会うことができた。

ロースクールの教授、企業の上司、事務所の先輩、郷里の先輩弁護士などが保証人として一人ずつ裁判官に紹介する。裁判官はジョークを交えながら歓迎の意と教訓めいたことを述べる。

ジャマイカ、メキシコ、韓国、中国などさまざまな人種の弁護士が約三〇名で半数近くが女性であったが、いかにも和気藹々とした雰囲気のなかで先輩が後輩を迎え入れるという和やかなものであった。

日本では司法改革が進められ、平成一六年に法科大学院が発足し、司法試験、司法修習がおおきく変貌し、合格者が増加しそれに伴って修習期間は従前の二年から一年半さらに一年に短縮され前期修習がなくなり、いきなり実務修習にはいることになり、修習生が同じ教室で顔を合わせるのは修習も終わりに近い二回試験のためであるという。さらに全員が集まっての終了式も行われないということになれば同期の連帯感をもつことも、友情を育む機会も少なく、修習生同士の人間関係が希薄になり、法曹三者がお互いの立場を理解する機会も少なくなる。各人が法曹として成長し、国民の期待する司法を構築するためにはこれまでとは異なった一層の努力が求められることであろう。

陪審制度について

ニューヨーク南部地区連邦地裁ムカゼイ主席裁判官の単独法廷を傍聴する。

連邦ビル爆破事件が係属してから裁判所の警備は厳重になったそうで、入口で所持品検査をし、カメラ、携帯電話は預けなければならない。裁判所の玄関ホールのブロンズ像は目隠しをし、両手に秤を持ち前かがみの不安定な姿勢で立っている。ふと、この国の正義が不安定の上に保たれていることを象徴しているような皮肉を感じる。

傍聴した事件は郵便局を舞台とする詐欺被告事件で被告人は六名、審理はすでに二カ月を経過している。陪審員は予備員を含めて一四名。白人、黒人が入り混じった市民。証人尋問が行われているあいだ陪審員は足を組んだり、足を投げ出すように座ったり、横を向いたり　メモをしたりとそれぞれが勝手にしており、緊張している様子は窺われない。

休廷時に裁判官室で懇談する。

連邦ビル爆破事件は平成七年四月一五日、オクラホマの連邦地方庁舎ビルの正面玄関前に爆発物を積んだトラックが爆発したもので、死者六八名、負傷者八〇〇名という事件で、九・一一のテロ前の米国における最大のテロといわれた事件で、主犯は死刑判決の言渡しを受けて平成一三年六月一九日薬物による死刑を執行されたが、その様子は監視カメラを通じて被害者の遺族に公開された。執行から三カ月後に九・一一テロが発生した。

ムカゼイ裁判官は連邦ビル爆破事件の審理を担当した。審理に九カ月を要し陪審員との間に信頼関係が生まれ、ともに食事をしたこともありお互いに親近感をいだくようになったが、個人的な関係は一切なく、いまだに陪審員の住所、氏名、職業は知らない。審理が終了したときに陪審員の一人からプレゼントされた法廷の様子を描いた絵に、全陪審員がサインの代わりにナンバーを書きいれたものを裁判官室に掲げ、これは私の宝物だと誇らしげに語っていた。

主席裁判官になって一三年になるがその間、陪審員と意見が異なったのは三件位しかないということで、陪審員の判断を信頼している様子が窺えた。

日本では陪審についての関心が高いようだが、米国は国民の構成が複雑な多民族国家なので陪審による裁判でないと裁判の信頼を維持するのは難しいが、日本はそのような事情がないから陪審の必要性は乏しいのではないかという。日本で語られている市民参加の視点とはすこし異なっている。

サンフランシスコ第一審裁判所のカリン・フジサキ裁判官によると、刑事事件では陪審員一二名の意見が全員一致であることが必要で

陪審員全員……有罪　裁判官無罪　のときは有罪
陪審員全員……無罪　裁判官有罪　のときは無罪　になるという。

陪審員は勤務先で有給休暇を得られない時は一日三〇～四〇ドルの日当が支給されるが、陪審員になることについて市民は必ずしも積極的ではなく、通知を受けた人の友人が「彼は死んだ」などと虚偽の連絡をしてくることもあるという。

陪審は制度としては不完全なものだが、民主主義に基づいたものであり、民主主義発展のための過程のものとして支持できる、と歯切れのよくない意見だ。

陪審が制度として定着している米国においてすらこのような状況であるから、日本の裁判員制度の見直しについては大胆に広く柔軟に考えていくべきであろう。

ニューヨークで長年弁護士として活躍している、当地の日本人弁護士の長老的な立場にある日本人弁護士M氏は、陪審裁判は時間がかかり、陪審員の判断には信用できないものもある。陪審員の質にバラツキが多く不安があるなどと批判的な意見を述べる。

また、ニューヨークは弁護士が過剰で、困窮している者もおり、タクシーの運転手をしている者すらいる。そのためか各州は他州の弁護士に対して排他的であるという。実務家の厳しい実情を垣間見たように思う。

公設弁護人制度について

公設弁護人とは連邦や州、郡、市などに公務員として雇用された弁護士が貧困な被告人の刑事弁護を専門的に行うものである。

州、郡の執行部や裁判所から選任され、あるいは選挙で選ばれた一人の公設弁護人が与えられた予算の範囲内で給与制の弁護士、補助スタッフを雇い、事務機器等を揃えて、公設弁護人事務所を設け、そこに所属する公設弁護を専門とする弁護士が裁判所から公設弁護人として選任され貧困な被告人の弁護にあたる。日本の国選弁護に類似する個々の事件について裁判所から選任される官選弁護人とは異なるものである。

私は、貧困者な被告人に対する米国独自の刑事弁護制度についてその実情を知り、参考となることを探ろうと思った。

ラルフ・メッカム連邦裁判所事務局長は、公設弁護人制度は刑事弁護の充実発展のために貢献している素晴らしい制度であると自画自賛する。

テオドール・リッツ弁護サービス課長から実情を聞く。

公設事務所は政府予算によって運営しているものであるから、弁護の独立性、客観的立場の保持に注意している。政府もその点については理解ある対応をしているので連邦では問題がないが、州レベルでは格差があり問題点があることは否定できないという。

公設弁護人は各州の刑事事件の五〇〜八五％占めており、官選弁護人よりも良質の弁護活動をしていると評価されている。

法廷に立つ機会がすくない若手法曹は、弁護技術を磨くトレーニングの機会を求め公設弁護人の希望者は多く、連邦で募集すると募集数の一〇倍の応募者があり、人気は高いという。

報酬は、裁判活動は一時間七五ドル、準備時間を考えると実質的には一時間五八ドルくらいになる。

裁判外活動は一時間五五ドルで、事務局は一時間一一〇ドルを要求しているが、判事の給与が低いなかで被告のための弁護料増額はなかなか議会の承認を得られないそうだが、連邦の公設弁護人の報酬は検事、平均的な弁護士と同程度に近いものになっているそうだ。

公設弁護人事務所は個々の弁護活動を監督し、その内容を検討して弁護の質を高めることを図っているというのである。

弁護人のトレーニング、ノウ・ハウの蓄積、安定した収入など長所はあるものの、弁護活動を管理するという側面を排除し弁護の独立性を確保しなければ日本では受け入れられないであろう。

イリノイの公設弁護人事務所

イリノイ北部連邦地裁のマーヴィン・アスペン所長によれば、公設弁護人制度は米国が世界に誇れる制度の一つであるけれども、州によっては弁護の独立性の点で問題があることは否定できないそうだ。マッカーシー公設事務所事務局長は三五年の経験をもつ古参弁護士で若い公設弁護人に対して教育者的な感覚で接しているようだ。ここでも若い弁護士は法廷に立てる機会を得るために公設弁護人を希望して募集しなくても月に四～五〇名の希望者が履歴書を送ってくるそうだ。

しかし、ロースクールの卒業生の上位一〇番位あるいは上位一〇％くらいは、リッチを求めて大きなローファームを希望するという。

サンフランシスコ公設弁護人事務所

ここの公設弁護人事務所は町外れの粗末な二階建ての建物で訪れる人の身なりも貧しげである。

公設弁護人は選挙によって選任されるが、二〇年くらい対立候補が出ていない。

この制度は市民にあまり知られていないので投票率は高くない。

所属する弁護士は約八〇名、随時採用しているが、特に募集しなくても月二～三名の履歴書が送られてくる。ここでも若い法曹が法廷に立つ機会を求めて希望者が多く、ローファームから法廷経験をするために希望してくることもあるがそのような目的のため就任後三年～五年で交替していく。スタッフ弁護士の給与は初任給が年六万ドル、一〇年で一三万ドル位という。サンフランシスコの予算は年五〇億ドル、公設事務所の予算は一三〇〇万ドル。取扱う件数は年間二万件だが、法廷事件は年間一〇〇～二〇〇件で、その多くは司法取引で公判請求に代えて六ヶ月以内に二五時間のコミュニティサービスを命じることで解決する。コミュニティサービスは町の掃除、ゴミの収集、老人の世話をする、交通事件の被告人に対しては高速道路の清掃などがありそのため検事との交渉に時間をとられることが多い。

日本の執行猶予制度より被告人に与える影響も大きく、社会的にも意義があるように思われ日本でも検討に値すると思った。

日本の法テラス公設事務所での弁護技術の修得、ノウ・ハウの蓄積、若手の養成などについて参考になると思われるものが見られた。

連邦最高裁裁判官との交流

ワシントンで日本駐米大使の招宴でレンキスト連邦最高裁長官、スカリア最高裁裁判官と懇談の機会があった。長官は当時七七歳、軽妙洒脱で話題の豊富な方で、日米の法曹人口、米国弁護士の日本における活躍などにも興味を示し、米国は日本に比し法曹が多すぎて問題があるという。

連邦最高裁裁判官の生活について、議論が活発で昼食をしながら議論をすることもしばしばあり、審議の内容が漏れないように裁判官だけの食堂が設けられている。また、各裁判官は夏季休暇に全国の大学に招かれて講演をすることになっており、それが楽しみにしている裁判官も多くいる。日本よりも米国の裁判官のほうが仕事を楽しみ、議論が活発なのかと思った。

最高裁の弁論は一件一時間、一日四件行われ、終了時間二分前に青ランプ、次に赤ランプがついて弁論が終わる。同席した大使館付の日本の判事補によれば、最高裁の弁論は各裁判官から代理人に活発な質問があり、日本の司法研修所の二回試験の口述試験より厳しく、あのような場には立ちたくないというほど厳しいものらしい。

翌日、連邦最高裁に長官を表敬訪問する。

最高裁の新受事件は年間約七〇〇〇件、その内、上告受理をするのは約七〇〇件日本よりすこし少ないが、最高裁裁判官が日本は一五名、米国は九名なので多忙さに違いはなさそうだ。

内庭には池と噴水がありその周囲に椅子が置いてある。裁判官がお茶を飲んだり議論したりする場所だが、議論の内容が漏れないように廊下の窓は厚いガラスになっている。天井の高い大きな会議室では、コンサートや裁判官の講演会が行われる。最高裁裁判官に就任すると、最初にその人の体に合わせた法廷の椅子を作り、退官の時に持ち帰ることになっている。そう言われて法廷の椅子を見ると背の高さがばらばらである。そこには人間味があり、ちょっと羨ましいものを感じる。

連邦最高裁判所の建物は予算九六〇万ドルで昭和五年着工、昭和一〇年に竣工したがその建設の経過のパネルが掲げられている。建国二五〇年余、司法関係者の間には、自分たちが米国の歴史を作りつつあるのだという意識をもって仕事に取り組んでいるという空気を感じる。日本の場合は国の歴史の重さに圧倒されて自分が歴史の頁を刻んでいるという意識は希薄である。国の若さの違いなのかとおもう。

第二部　最高裁判決と私の意見

裁判所法一一条は、「最高裁裁判官は裁判書には各裁判官の意見を表示しなければならない」と定めている。審議ではお互いに意見を述べ議論を尽くして多くの場合意見が一致するが、判決として宣告される法廷意見と結論は同じだが、理由が違うときは「意見」を、法廷意見の理由を補足するときは「補足意見」を、法廷意見と結論が異なるときは「反対意見」を書くことになる。

反対意見

議論を充分に尽くしても意見が異なるときは、安易な妥協を排して個別意見を書くことは裁判官の責務であろう。一方、判決は全裁判官が議論をつくして全員一致の結論が得られるのがベストであることは疑いがなく、反対意見は自分の意見がいれられなかった墓標という見方からなるべく書かないほうが良いという考えもあるようだ。

しかし反対意見の付された判決は、判例として不安定な要素のあることを示しており、他の個別意見を含めて実務家、学者の研究を触発して法律論発展の契機になり、将来の判例変更の可能性を示唆するなど、いずれにしても議論を深める契機になるもので、法律もそれを期待しているのであろう。

個別意見

判決とそれに付された個別意見は、具体的妥当性がもとめられるのは当然であるが、裁判官としてはそれが実務家、学者等の批判、歴史の評価に耐えられるものであるように全力を傾注し、その判断資料を提供することにもなる。

個別意見の作成について調査官は殆んど関与することはなく、各裁判官の書き下ろしで推敲に推敲を重ねる。できあがった個別意見は各裁判官の責任において付されるものなので、審議の席に提出するが、それは審議の対象にはならない。法廷意見に個別意見を付加して判決書が完成する。

最近出版された本で「裁判官の個別意見の内容について他の裁判官が干渉し、或いは調査官が裁判官の草稿の一部を削除して裁判官にもどした」という記載を見たが、私の属した当時の第一小法廷では、審議の席で意見の相違について議論するのは当然であるが、法廷意見がまとまり、これに対する個別意見が出されたときは他の裁判官がそれについて意見を述べるようなことはなく、ましてや調査官が誤字、脱字などの形式的な範囲を超えて内容について関与し削除するというようなことは考えられなかった。

かりにそのようなことがあったとするなら、それは各小法廷の審議のしかたの違いか、裁判官と調査官の個別的な関係によるものであろう。

私が在官中関与した小法廷事件で、意見を付した事件、なお検討すべき法律的な問題点があるとおもわれるもの、あるいは特異な事案を紹介する。

1　遺留分減殺請求権の代位行使
平成一三年一一月二二日判決　平成一〇年(オ)第一〇三三号　第三者異議事件

【事案の概要】

被相続人甲は相続財産である本件土地を相続人乙（被上告人）、丙のうち乙に相続させる旨の公正証書遺言を作成した。丙の債権者丁（上告人）は債権者代位権に基づき本件土地の相続登記をしたうえ強制競売による差押えをしたので、乙が本件土地は遺言によって単独所有となったとして丁を被告として第三者異議の訴えを提起し差押えの取消しを求めた。

丁は丙に代位して遺留分減殺請求の意思表示をしたので丙の遺留分に相当する範囲で差押えは有効であると主張した。

【問　題　点】

債権者代位権は一身専属権については行使できないとされている（民法四二三条一項但書）。遺留分は遺留分権利者が遺留分減殺請求をしてはじめて現実化する。相続人が遺言をそのまま受け入れるかどうかの選択は、被相続人と密接な身分的人格的関係にある遺留分権利者の自由な意思に委ねられている。従って、遺留分権利者が減殺請求権を行使するまでは遺留分権利者（相続人）の債権者は遺留分権利者の意思決定に介入することはできない。
民法一〇三一条は遺留分権利者の承継人も遺留分の減殺請求ができるものとしているが、これは遺留分権利者が減殺請求権を行使することを決定した後に遺留分を他に譲渡し、譲受人がこれを行使することを認めたものである。すなわち遺留分減殺請求権は帰属上の一身専属権ではなく行使上の一身専属権というべきものである。また近代取引法における個人主義、自己責任原理のうえからも債権者は債務者および保証人の財産を自己の債権の引き当てにすべきものであって、債務者の相続財産をその引き当てに期待することを合理化するのは困難であろう。

【判決理由】

「遺留分減殺請求権は、遺留分権利者が、これを第三者に譲渡するなどその行使をする旨の確定的意思を有することを外部に表明したと認められる特段の事情がある場合を除き、債権者代位の目的とすることができないと解するのが相当である。
遺留分制度は、被相続人の財産処分の自由と身分関係を背景とした相続人の諸利益との調整をはかるものである。民法は、被相続人の財産処分の自由を尊重して、遺留分を侵害する遺言について、いったんその効力を生じさせるものとした上、これを覆して侵害された慰留分を回復するかどうかを専ら遺留分権利者の自律的決定にゆだねたものということができる（一〇三一条、一〇四三条）。そうすると、遺留分減殺請求権は前記特段の事情がある場合を除いて行使上の一身専属性を有すると解するのが相当であり、民法四二三条一項但書にいう「債務者の一身に専属する権利」に当るというべきであって、遺留分権利者以外の者が遺留分権利者の減殺請求権の行使意思決定に介入することは許されないと解するのが相当である」として全員一致で上告人の遺留分減殺請求権の代位行使を否定して上告を棄却した。

2　空クレジットの有効性

平成一四年七月一一日判決　同一一年(受)六〇二号　保証債務請求事件

クレジット契約・割賦販売契約において、空クレジットであることを知らなかった連帯保証人の責任。

【事案の概要】

一　被上告人は割賦購入あっせんを目的とする株式会社である。
購入者甲は印刷物の作成、企画を目的とする株式会社である。
有限会社乙は印刷、製本、印刷機械等の販売を目的とする有限会社である。
上告人は甲の元社員である。
被上告人と甲は
(一)　被上告人は甲が乙から購入した機械代金を乙に立替払いをする。
(二)　甲は被上告人に立替金と手数料の合計額を割賦で支払う。
　甲が割賦金の支払いを一度でも怠ったときは期限の利益を失う。
旨の契約を締結し、上告人は割賦金の支払いについて連帯保証をした。被上告人は機械代金三〇〇万円を乙に立替払いをした。甲はその後、割賦金の支払いを怠ったため期限の利益を喪失した。甲は本件立替払い契約の締結に先立って別会社から機械を購入していた。その後、甲の代表者は営業資金を捻出するため、実際には本件機械の売買契約がないのに本件機械を購入する形をとったいわゆる空クレジットを計画し、本件立替払い契約を締結したうえ、乙との間で被上告人から支払われた代金名下の金員を乙が受領し、振込手数料を控除した残金を甲に交付することを合意した。上告人は本件保証契約を締結する際本件機械の売買契約が存在しないことを知らなかった。

二　本件立替払契約と本件保証契約は同一書面（以下本件契約書という）を用いて締結されており、本件契約書には、販売店である乙、商品である本件機械商品購入代金額が表示されている。また、本件立替払契約には、本件機械の所有権は乙から被上告人に移転し、被上告人に対する債務が完済されるまでは所有権が留保される特約と甲が支払いを遅滞し被上告人から請求された時は、直ちに本件機械を被上告人に引渡し、被上告人が客観的にみて相当な価格をもって本件立替払契約に基づく債務及び商品等の引取り、保管、査定、換価に要する費用の弁済に充当できる旨の特約がある。上告人は、本件立替払契約は乙から甲の商品引渡しを伴わない、いわゆる空クレジット契約であって、上告人はこれを知らなかったから、本件保証契約は要素の錯誤により無効であると主張した。

【問　題　点】

立替払契約の保証において、商品の引渡しを伴わない空クレジットか、実体のあるクレジットかは保証契約に重大な影響を与える契約の要素となり、その点についての誤信は民法九五条の要素の錯誤にあたるか、立替払契約のようなクレジット契約はクレジット会社が購入者と販売店双方に金融の便宜を与えるという金融の側面を重くみて実体の有無は契約の重大な要素ではないと考えるのか、によって結論が異なることになる。

原判決は「本件立替払契約のようなクレジット契約は、クレジット会社が販売店に商品代金を立替払いし、主債務者はクレジット会社から代金相当額の融資を受けるもので、その担保として商品の所有権をクレジット会社に留保し、立替払金に所定の金額を加算した額を割賦償還するものであるから金融の性質を有し、このことは、実体のあるクレジット契約の場合であっても、空クレジット契約の場合であっても異なるところはないことに鑑みると本件保証契約において本件機械の引渡しの有無は連帯保証人にとってさほど重要な意味を持たず契約の意思表示の要素には当らないとみるべきであって、この点についての誤信は意思表示の動機に関する錯誤にすぎない」「本件機械の売買契約と立替払契約とは、事実上の関連性があるだけであって、別個独立の契約であるから、仮に売買契約が無効であるとしても、本件立替払契約が無効となることはない」

「本件保証契約は本件立替払契約と同一書面である本件契約書を用いて締結され、本件契約書上には、販売店である乙、商品である本件機械、商品購入代金が表示されているものの、主債務が本件機械の売買契約を前提とする立替払契約であれば本件保証契約を締結するが、単なる消費貸借契約であれば保証契約を締結しない旨の動機が表示されたものと認めることはできない」として被上告人の請求を認め立替払金と遅延損害金の支払いを命じた。

【上告審の判決理由】

保証契約は、特定の債務を保証する契約であるから、主債務がいかなるものであるかは、保証契約の重要な内容である。そして、主債務が、商品を購入する者がその代金の立替払いを依頼しその立て替え金を分割して支払う立替払契約上の債務である場合には、商品の売買契約の成立が立替払契約の前提となるから、商品売買契約の成否は原則として保証契約の重要な内容であると解するのが相当である。……本件立替払契約はいわゆる空クレジット契約であって、本件機械の売買契約は存在せず、上告人は本件保証契約を締結した際、そのことを知らなかったというのであるから、本件保証契約における上告人の意思表示は法律行為の要素に錯誤があったものというべきである。本件立替払契約のようなクレジット契約が、その経済的な実質は金融上の便宜を供与するにあるということは、原判決の指摘するとおりである。しかし、主たる債務が実体のある正規のクレジット契約によるものである場合と、空クレジットを利用することによって不正常な形で金融の便益を得るものである場合とで、主債務者の信用に実際上差があることは否定できず、保証人にとって、主債務がどちらの態様であるかにより、その負うべきリスクが異なってくるはずであり、看過し得ない重要な相違があるといわざるを得ない。まして、一通の契約書上に本件立替払契約と本件保証契約が併せ記載されている本件においては、連帯保証人である上告人は、主債務者である甲が本件機械を買受けて被上告人に対し分割金を支払う態様の正規の立替払い契約であることを当然の前提とし、これを本件保証契約の内容として意思表示をしたものであることは、一層明確であるといわなければならない」。として全員一致で被上告人の請求を認めた原判決を破棄した。

【寸　言】

クレジット契約は、商品売買代金の立替払い、立替金とのそれに対する手数料、金利等の均等払い、商品の所有権留保（担保的機能）が一体化した契約であることを前提として、購入者の連帯保証人は商品売買が無効であれば、保証責任を負わないとしたもので、クレジット契約と商品売買契約を別個のものとして、その金融的機能の重視に偏ることに一定の歯止めをしたものと思われる。また、ときとして空クレジットのもつ非倫理性に対する批判も結論に影響をあたえていたのかもしれない。

3　ゴルフ場の開場遅延とクレジット代金請求事件

平成一三年一一月二二日判決　平成一一年(受)第九六六号　クレジット代金請求事件

未開場のゴルフ会員権をクレジット契約により購入した場合にゴルフ場の開場の著しい遅延を理由にクレジット代金の支払いを拒絶できるか。

【事案の概要】

一　(一)　株式会社甲は預託金会員制ゴルフクラブの運営を企画し平成元年一一月頃から会員の募集をはじめ同二年三月六日起工式をおこなってゴルフコースの建設に着手した。甲が会員募集に際して作成したパンフレットには本件ゴルフ場の完成予定は平成四年度である旨の記載があった。

(二)　上告人は甲から本件ゴルフ会員権を購入するために被上告人と次の内容のゴルフ会員権クレジット契約(以下本件クレジット契約という)を締結した。

ア　被上告人は、上告人に対し、被上告人が甲に支払うべき預託金一六〇〇万円から申込金三〇〇万円を除いた一三〇〇万円の債務について保証することを委託し、上告人はこれを保証する。

イ　被上告人は、上告人が一三〇〇万円をその決済日に被上告人の保証人として甲に代位弁済することを承諾する。

ウ　上告人が代位弁済した場合、被上告人は上告人に対し、一三〇〇万円に分割手数料を五七五万九〇〇〇円を加算した一八七五万九〇〇〇円を分割して毎月一〇日限り一五万六〇〇〇円ずつ支払う。

エ　被上告人が支払期日に分割金の支払いを遅滞し、上告人から二〇日以上の期間を定めてその支払いを書面で催促されたのにもかかわらず、その期間内に支払いをしない場合、被上告人は期限の利益を失う。

(三)　本件契約書は上告人が作成した定型のゴルフ会員権クレジット契約書であり、その一〇条には「(一) 購入者は、下記の事由が存するときは、その事由が解消されるまでの間、当該事由の存する商品について、支払いを停止することができるものとします」と記載され、支払い停止の事由として「①商品の引渡しがなされないこと、②商品に破損、汚損、故障その他の瑕疵があること、③その他商品の販売について、販売会社に生じている事由があること」が列挙されている。

(四)　上告人は平成元年一二月二五日本件クレジット契約に基づき、被上告人の保証人として甲に一三〇〇万円を代位弁済した。

(五)　被上告人と甲間で平成二年三月ころ本件ゴルフクラブの入会契約が成立した。

(六)　平成五年八月上告人から東京地方裁判所に対し甲に対して会社更生手続開始の申立てがされ、同六年一二月二日更生手続開始決定がなされた。

(七)　被上告人は平成四年九月一〇日以降の分割金を支払わず、上告人は被上告人に対し平成七年六月五日到達の書面で書面到達後二一日以内に未払分割金を支払うよう催告したが被上告人はこれを支払わなかった。

（八）　本件ゴルフ場の建設工事は、平成四年三月荒造成工事段階で中止されており、原審口頭弁論終結時においても工事は再開されていない。甲の管財人は本件ゴルフ場を完成させたいとの意欲は持っているものの、完成のめどは立っていない。

二　被上告人は抗弁として本件ゴルフ場の開場の遅れは本件契約書一〇条①～③に規定する支払停止の事由に該当する旨の主張をした。

【一審判決】

被上告人が甲から購入したのは開場前のゴルフ場に関するいわゆる預託金会員組織のゴルフ会員権である。被上告人によるゴルフ会員権の購入は、被上告人と甲間のゴルフ場の入会利用契約の締結であり、被上告人の入会契約の申込みと甲のこれに対する承諾によって被上告人と甲間にゴルフ場の入会利用契約が成立し被上告人と甲とのまでゴルフ場施設の優先的利用権等の権利と年会費納入義務を包括する債権契約上の地位が創設されるということができる。被上告人と甲間にゴルフ上の入会利用契約は遅くとも平成二年二月頃までには成立していたことを認めることができる。

被上告人は、本件ゴルフ場が平成四年度までに完成予定であるのに完成しておらず、ゴルフ場が利用できないことをもって商品の引渡しがないとか商品の瑕疵があるとか主張するが、ゴルフ場の開場が遅延しているという事由はその遅延の程度、遅延に至った事情などにより甲の被上告人に対する入会利用契約上の債務不履行責任を構成する事由とはなり得ても、かかる事由をもって、本件ゴルフ会員権について商品の引渡しがないとか商品の瑕疵であるとかいうことはできず、被上告人の主張は採用することはできない。として上告人の請求を認めた。

【原審判決】

本件ゴルフ場が平成四年度またはそれからそれほど遠くない時期に完成し、被上告人が本件ゴルフ場を利用してゴルフのプレーをすることができるようになることは、本件売買契約の内容になっていたものと認めるのが相当である。被上告人は、本件ゴルフ場の完成予定時期をすでに四年以上経過してもまだこれを利用することができず、本件ゴルフ会員権購入の目的を達成できない状態にある。このように本件売買契約の重要な要素が履行されないで四年以上が経過しているという状況にかんがみれば、甲はすでに本件売買契約について債務不履行の状態にあり、被上告人から、いつ本件売買家約を解除されてもやむを得ない状況にあるということができ、このような事情は本件契約書一〇条③に規定する事由に該当するものと解するのが相当である。として一審判決を取消して上告人の請求を棄却した。

【上告審判決】

上告人と被上告人との間の保証契約においては、本件契約所一〇条の約定が存するところ、本件ゴルフ場の開場遅延が、同約定に規定する被上告人が上告人の求償金の履行請求を拒みうる事由に該当するか否かが問題となる。……本件クレジット契約に使用された契約書一〇条③に規定する「商品の販売について、販売会社に対して生じている事由」とは、ゴルフ会員権の販売について、仮に販売会社が申込者に代金支払いを請求してきたとすれば、売買契約に関して代金の支払いを拒むことができる事由に限定され、申込者が販売会社に対して主張できない事由まで、クレジット会社に主張できることを認めたものと解することはできないから、申込者が販売会社からゴルフ会員権を取得した後に当該ゴルフ場の経営会社に生じた債務不履行は上記規定にいう支払い拒絶の事由に当らないと解するのが、当事者の合理的意思に合致するというべきである。

【裁判官深澤武久の反対意見】

本件クレジット契約は、被上告人が未開場のゴルフ場のゴルフクラブに入会するため会員を募集するゴルフ場経営会社と販売会社の地位を兼ねる甲に支払う預託金につき、上告人が、クレジット契約によって預託金相当額の信用を供与するに際し、割賦販売法三〇条の四第一項と同趣旨に解されるゴルフ場経営会社と顧客との間の抗弁権の接続を認める特約をしたものである。すなわち、本件クレジット契約に同法は適用されないが、本契約書一〇条③は同法三〇条の四に関する昭和五九年一一月二六日付け通商産業省政策局経済課長通達「昭和五九年改正割賦販売法に基づく標準約款及びモデル書面について」に添付された「商品割賦購入あっせん標準約款」一一条（一）と同じ文言が用いられていることから、上告人は同法三〇条の四の趣旨にそった約定をした結果、同条に準じた責任を負うに至ったものである。

未開場のゴルフ場のゴルフクラブ入会契約を締結した甲は、契約締結後相当の期間内にゴルフ場施設を完成し、利用可能な状態にしたうえ、これを会員の利用に供すべき債務を負っている。ところで、同法三〇条の四は、販売会社と信用供与会社が分離したため販売会社に主張できた抗弁が信用供与会社に主張できないという顧客に生じる不利益を回避するために一定の要件の下に抗弁の接続を認めたもので、顧客が自社割賦であれば販売会社に主張できた事由を信用供与会社に主張できる、すなわち顧客が販売会社の自社割賦で商品を買ったならば販売会社に割賦金の支払いを拒める事由が生じた場合に、クレジット会社に対してもその事由を主張して割賦金の支払いを拒めるとするものであり、前記特約はこれと同旨の効力を有するのである。ゴルフ場経営者であるとともに販売会社でもある甲は、平成四年三月頃資金不足のため本件ゴルフ場建設工事を荒造成段階で中止し、平成六年一二月には、会社更生手続開始決定を受けて、ゴルフ場の開設は絶望的になっているのであるから、被上告人は甲の自社割賦によって預託金を支払う契約を締結していたならば、甲の上記債務不履行を理由に割賦金の支払いを拒絶できることになる。この支払い拒絶の抗弁は、本契約書一〇条③の特約によって上告人にも主張できるものである。これと同旨の原判決は是認できるので本件上告は棄却されるべきである。

4 テレビ放送によって名誉が毀損された場合の判断基準等
平成一五年一〇月一日判決　同一四年(受)第八四六号　謝罪広告等請求事件

1 テレビ放送の内容が人の社会的評価を低下させるか否かについての判断基準。
2 テレビ放送された報道番組によって摘示された事実がどのようなものであるかについての判断基準。
3 テレビ放送された報道番組によって摘示された特定産地の野菜のダイオキシン類汚染に関する事実について、その重要な部分が真実であることの証明があるとはいえないとされた事例。

【事案の概要】

テレビ朝日系の報道番組「ニュースステーション」が埼玉県所沢市産の野菜から一グラム当たり〇・六四～三・八〇ピコグラム（ｐｇ）の高度のダイオキシンが検出されたと報道したが三・八〇ｐｇの最高値を示したのは野菜ではなく煎茶であった。本件放送の翌日以降、ほうれん草を中心とする所沢産の野菜について取引停止が相次ぎ、その取引量や価格が下落した。

所沢市内において野菜などを生産する農家である上告人らが、上記報道によって、所沢産の野菜等の安全性についての信頼が傷つけられ、上告人らの社会的評価が低下して精神的被害を蒙った旨を主張し、また野菜の価格の暴落等により財産的損害をも蒙ったとして被上告人（テレビ放送局）に対して不法行為に基づき謝罪広告及び損害賠償を求めた。

【問　題　点】

テレビ放送によって名誉を毀損されたとして損害賠償を求めている場合、真実と証明すべき事実は何かが明確性を欠くときは報道の自由に影響を及ぼすことになる。また、これを狭く考えるときは報道による個人の権利、利益の侵害を容認する結果を招来するであろう。その調和点をどのように考えるのかが問われる。

【原　審　判　決】

「一般視聴者がテレビ報道を視覚と聴覚でとらえたことによって受ける印象は千差万別であって、これを客観的に分類ないし識別したり、その内包と外延とを客観的に定義つけたりすることはほとんど不可能事に属することに鑑みると……テレビ報道の印象というものを真実性の立証の対象とするとしても、立証の対象事項が極めて不明確になることは明らかであり、ひいてはテレビ局の報道による表現行為を客観的な基準なく著しく規制することになりかねない。……特に本件放送は、ダイオキシン類を摂取することによる健康被害についてされたこれまでの調査等を取り上げた上、人が食べる野菜など農作物につきダイオキシン類の数値について報道するものであり……同時にダイオキシン類による環境汚染、国民一般の健康に対する影響などの高度の公共の利害に関する事項について専ら公益を図る目的に出た報道がなるべく速やかに視聴者に届き、国民一般の間で自由な意見交換と健全な世論形成が行なわれることの重要さと有意義（逆に報道のもたらすべき印象などに対する過度の自主規制が生み出す萎縮効果の弊害）に照らすと、そのような立証を負担させることは相当でもないといわなければならない。

……テレビ報道においても、このような印象そのものではなく、映像により画面に映し出された事実、ナレーションの内容、アナウンサーや出演者の発言、画面上のテロップ等によって、明確に表示されたところから一般視聴者が、通常受け取る事実ないし論評が、真実性の立証の対象になるとしたうえ
一　本件放送は、一般の視聴者にほうれん草等の所沢産の野菜の安全性に対する信頼性を失わせ、所沢市内において各種野菜を生産する上告人らの社会的評価を低下させ、上告人らの名誉を毀損したものと認められる。
二　本件放送は、野菜等農産物のダイオキシン類の汚染実体やダイオキシン類摂取による健康被害等について多数の調査結果を取り上げ、ダイオキシン類の危険性を警告しようとするものであり、その関係において所沢産の野菜のダイオキシン類の汚染の実態についての調査結果を報道するものであるから、そのこと自体は公共の利害に関するものであることは明らかである。また、被上告人の報道機関としての社会的使命及びダイオキシン類問題に関する従前からの取組み等を勘案すると、本件放送は、専ら公益を図る目的で行なわれたものと認めることができる。
三　所沢産の野菜のダイオキシン濃度として摘示された測定「〇・六四～三・八〇ｐｇ」のうち「〇・六四ｐｇ」は所沢産のほうれん草から検出された数値であるが、「三・八〇ｐｇ」は環境総合研究所が調査した、所沢産のせん茶から検出された数値であって、野菜から検出された数値ではないか

ら、上記摘示された事実が真実であることの証明はされていない。

しかし、（上記研究所とは別個に調査した）宮田教授等の調査により所沢産の白菜（一検体）から……一g当たり三・八〇pgに匹敵するダイオキシン類が検出されていたから、本件放送当時、所沢産の野菜の中に一g当たり三・八〇pgのダイオキシン類をふくむものが存在したことは事実である。

そして、三・八〇pgのダイオキシン類の濃度を示す所沢産の野菜が、環境総合調査研究所の調査に係るものであるか、他の調査に係るものであるかという点は、それが所沢産の野菜の安全性に関する理解を根本的に左右するに至るまでのものではなく、ダイオキシン類による農産物の汚染の実態及びそれによる人体への健康影響を明らかにする上で、所沢市で栽培された野菜から高濃度のダイオキシンが検出されたという調査結果を報道することが本件放送の趣旨であることに鑑みれば、本件放送による報道において摘示された事実の主要な部分に当らないというべきである。そうすると、所沢産の野菜から一g当たり三・八〇pgのダイオキシン類が検出されたとの重要な部分につき真実性の証明があったと解するのが相当である。」として名誉毀損の成立を否定し、原告の請求を棄却した。

【上告審判決】

「新聞記事などの報道の内容が人の社会的評価を低下させるか否かについては、一般の読者の普通の注意と読み方とを基準として判断すべきものであり（新聞報道に関する最高裁昭和二九年（オ）第六三四号同三一年七月二〇日第二小法廷判決）テレビ放送をされた報道番組の内容が人の社会的評価を低下させるか否かについても、同様に、一般の視聴者の普通の注意と視聴のしかたとを基準として判断すべきである。そしてテレビ放送をされた報道番組によって摘示された事実がどのようなものであるかという点についても一般の視聴者の普通の注意と視聴のしかたとを基準として判断するのが相当である。

テレビ放送される放送番組においては、新聞記事などの場合とは異なり、視聴者は、音声および映像により次々と提供される情報を瞬時に理解することを余儀なくされるものであり、録画等の特別の方法を講じない限り、提供された情報の意味内容を十分に検討したり、再確認したりすることはできないものであることからすると、当該報道番組により摘示された事実がどのようなものであるかという点については、当該報道番組の全体的な構成、これに登場した者の発言内容や、画面に表示されたフリップやテロップ等の文字情報の内容を重視すべきことはもとより、映像の内容、効果音、ナレーション等の映像および音声に係る情報の内容ならびに放送内容全体から受ける印象等を総合的に考慮して判断すべきであるとしたうえ

一　本件放送中の本件要約部分等は、ほうれん草を中心とする所沢産の葉物野菜が全般的にダイオキシン類による高度の汚染状態にあり、その測定値は、環境総合研究所の調査結果によれば、一ｇ当たり「〇・六四～三・八〇ｐｇ」であるという事実を摘示するものというべきであり、（以下本件摘示事実という）その重要な部分は、ほうれん草を中心とする所沢産の葉物野菜が全般的にダイオキシン類による高濃度の汚染状態にあり、その測定値が一ｇ当たり「〇・六四～三・八四ｐｇ」もの高い水準にあるとの事実であるとみるべきである。

二　次に、本件摘示事実の重要な部分について、それが真実であることの証明があったか否かについてみるに、前記、環境総合調査研究所の調査結果は各検体一g当たりのダイオキシンの測定値が、せん茶（二検体）は三・六〇および三・八一pgであり、ほうれん草（四検体）は、〇・六三五pg、〇・六八一pg、〇・七四六pg、および〇・七五〇pgであり、大根の葉（一検体）は〇・七五三pgだったというのであり、本件放送を視聴した一般の視聴者は、本件放送中で測定値が明らかにされた「ほうれん草をメインとする所沢産の葉っぱ物」にせん茶が含まれるとは考えないのが通常であること、せん茶を除外した測定値は〇・六三五〜〇・七五三pgであることからすると、上記調査結果をもって、本件摘示事実の重要な部分について、それが真実であることの証明があるといえないことは明らかである。

また、本件放送が引用していない宮田教授らが行なった前記調査の結果は「所沢産」のラベルが付けられた白菜（一検体）から一gあたり三・四pgのダイオキシン類が検出され、所沢市内で採取された、ほうれん草（一検体）から一g当たり〇・八五九pgのダイオキシン類が検出されたというものである。前記の本件摘示事実の重要な部分は、ほうれん草を中心とする所沢産の葉物野菜が全般的にダイオキシン類による高濃度の汚染状態にあり、その測定値が一g当たり「〇・六四〜三・八〇pg」もの高い水準にあることであり、一般の視聴者は、放送された葉物野菜のダイオキシン類汚染濃度の測定値、とりわけその最高値から強い印象を受け得ることにかんがみると、その採取の具体的な場所も不明確な、しかもわずか一検体の白菜の測定結果が本件摘示事実のダイオキシン類汚染濃度の最高値に比較的近似しているとの上記調査結果をもって、本件摘示事実の重要な部分について、それが真実であることの証明があるということはできないものというべきである。

三　そうすると、以上判示したところと異なる見解に立って、本件摘示事実の重要な部分につき、宮田教授らによる上記調査の結果をもって真実であることの証明があるものとして、名誉毀損の違法性が阻却されるものとした原審の判断には判決に影響を及ぼすことが明らかな法令の違反がある。……本件については、本件摘示事実による名誉毀損の成否等について更に審理をつくさせる必要があるから、上記部分につき本件を原審に差戻すこととする」とした。

【裁判官泉徳治の補足意見】

「本件放送を含む上記一連の報道は、所沢市の農家も被害を受けている廃棄物焼却施設に焦点を合わせ、これを規制してダイオキシン類汚染の拡大を防止しようという公益目的に出たものであり、立法措置を引き出す一因となってその目的の一端を果たし、長期的にみれば、これらの立法措置によりダイオキシン類汚染の拡大の防止が図られ、その生活環境が保全されることとなり、所沢市の農家の人々の利益擁護に貢献するという面も有している。本件放送がせん茶のダイオキシン類測定値を野菜のそれと誤って報道した部分については、本件放送が摘示する事実の重要部分の一角を構成するものであり、これを看過することができないことは、法廷意見が説示するとおりであるが、上記部分は本件放送の一部であり、本件放送自体も、廃棄物焼却施設の規制等を訴えて被上告人が行なった一連の特集の一部に過ぎないこと、そして、前記のとおり、所沢市の人々が被害を受けたとすれば、その根源的な原因は上記一連の報道が繰り返し取り上げてきた廃棄物焼却施設の乱立にあることにも、留意する必要があると考える。

国民の健康に被害をもたらす公害の源を摘発し、生活環境の保全を訴える報道の重要性は、改めて強調するまでもないところである。私も、法廷意見にくみするものであるが、被上告人の行なった上記一連の報道の全体的な意義を評価することに変わりないことを付言しておきたい」。

【寸　言】

原判決は、テレビ報道の公共性を重視して、立証の対象事項が不明確になるような立証責任を負わせるのは相当ではないとして、名誉毀損の成立を否定したが、このような考え方は、瞬時に消え去る映像、音声等によって視覚、聴覚に働きかけて情報を伝達するテレビの特性を考慮すると、報道の対象となった者の権利、利益を軽視することになり、相当ではないといわざるをえないであろう。第四の権力とさえいわれることのあるテレビが報道の真実性、正確性を厳しく求められるのは当然である。

泉裁判官の補足意見はこれを前提としつつ、本件報道、ひいてはテレビ報道が果たす公共性について配慮すべきことを指摘したものと解される。

5 選挙の自由公正を著しく害するとされた事例

平成一四年七月三〇日判決　同年(行ツ)七九号　選挙無効確認請求事件

選挙の管理執行に密接に関連する事務を行なう者の行為が選挙の自由公正を著しく阻害し公職選挙法二〇五条一項の「選挙の規定に違反し」選挙が無効とされた。

【事案の概要】

一　平成一三年一月一三日に施行された甲村村長選挙（以下、本件選挙という）の効力について甲村選挙管理委員会（以下、村選管という）から異議却下の決定を受け県選挙管理委員会（上告人）から審査申立てを棄却する裁決を受けた被上告人が、同裁決の取消しおよび本件選挙を無効とすることを求めるものである。

二　本件選挙について、村選管は、告示日を同年一月八日（成人の日）と定めたが、六日が土曜日のため、六日から八日までの三日間は村の休日に当ることになった。この選挙には、現職の村長以外の候補者がいない状況になったため、被上告人は同月六日立候補することを決意して、上告人の担当者に、休日に戸籍抄本の交付を受けられるかを問い合わせた後、法務局で供託手続きをしたうえ、村役場で戸籍抄本の交付申請をしようとした。

三　一月七日、村では、村長、助役、総務課長（戸籍謄抄本交付事務の先決権者）および総務課主事（戸籍事務の取扱者）が戸籍抄本交付請求があったときの取扱いについて協議し、助役、総務課長は交付すべきであるとの意見であったが、村長は、村では休日には一般行政事務を行なっておらず、交付例もないので、例外を作ると以後の交付申請を断るのが困難となり、少人数の役場では対応しきれなくなるおそれがあるとの意見を述べ戸籍抄本交付申請があっても交付しないことを決定した。

被上告人は、同日総務課長から「村長は戸籍抄本を交付しない方針である。閉庁日に証明書の交付をしていないことが理由である」と説明を受けた。

一月八日、村長、助役、総務課長は再度協議し、総務課長は戸籍抄本の交付を進言したが、村長の意向は変わらず、再度、戸籍抄本の交付をしないことが確認された。その後、村長は戸籍抄本発行のために必要な公印を村長室に引き上げさせた上、総務課長に対し「戸籍抄本を交付した場合は懲戒免職にする」と発言した。村長は本件選挙に立候補者しようとする者が自分と被上告人のほかにはなく、被上告人が立候補しなければ、自分が無投票当選となることを認識していた。

このような経過から被上告人は戸籍抄本の交付を受けることができず、戸籍抄本のないまま立候補届出をしようとしたができなかった。

【上告審判決】

現職の村長が村長選挙において、村長の地位を利用して戸籍抄本の交付権限を濫用し、他の立候補予定者の戸籍抄本の入手を妨げてその立候補を妨害し、自ら無投票当選を果たしたというべきである、とした原審の判断は是認することができる。村長の行為は単に特定の立候補予定者の立候補を阻害したにとどまらず、自らが無投票により当選人となることによって、選挙人全般がその自由な判断により投票する機会を完全に奪ったものというべきである。そして、市町村長の管掌する戸籍抄本の交付事務は、選挙の管理事務そのものではないが、立候補の届出書に公職の候補者となるべき者の戸籍の謄本または抄本の添付を要するとされていることに照らせば、選挙の管理執行に密接に関連するということができるところ、村長は戸籍謄抄本の交付権限を濫用して、上記行為に及んだというのであり、上記の事務につき著しく不公正な取り扱いをしたものというべきである。そうすると村長の上記行為をもって公職選挙法二〇五条一項にいう「選挙の規定に違反することがあるとき」にあると解するのが相当である。

【寸　言】

公職選挙法二〇五条一項の「選挙の規定に違反すること」とは、選挙の管理の任にある機関が選挙の管理執行の手続きに関する明文の規定に反することだけではなく、選挙の基本理念である、選挙の自由公正が著しく阻害された場合も含むと解されている（最高裁昭和六〇年（行ツ）一八一号裁決取消請求事件）が、選挙管理の任にある機関以外の違反行為によって選挙を無効とした事例に乏しい。本件は選挙管理の任に当たる機関ではない村長の行為が、選挙の自由公正を害するとして選挙を無効とした事例である。

6　オウム真理教信者の転入届
平成一五年六月二六日判決　同年（行ヒ）第三四号　転入届不受理処分取消請求事件

オウム真理教の信者が居住する自治体に提出した転入届けを、受理しないとした自治体の処分は住民基本台帳法に違法して許されない。

【事件の概要】

オウム真理教の信者が、居住する自治体に住民基本台帳法に基づいて転入届を提出したところ、区長はそれを受理しなかった。

不受理の理由は

一　甲区の区長は、区を代表しその事務を管理、執行する立場において甲区における秩序を維持し、その住民の生命、身体財産の安全を保持すべき義務を負っている。

二　住民基本台帳は単に形式的に住民の登録と公証だけでなく、実質的に当該市町村の住民として、各種の行政サービスを受ける立場を付与する事実上の効果を有するということができ、住民票を調整し、住民基本台帳に記載されることは、当該市町村の住民として事実上受け入れられることを意味する。

それ故、当該市町村の長が、教団による地域住民の恐怖、不安や不利益を解消しないまま教団信者の転入届を受理することとなると、地方公共団体の責務である地域秩序の維持、治安の確保により犯罪による危険から住民の生命、身体及び財産を守ること並びに安全な社会生活を保障して、社会不安を除去し、住民の福祉の増進を図ることを基本とする地域行政の自主的且つ総合的な実施が果たせないことになる。更には、転入届を不受理とすることにより、新たな教団信者が、集団で甲区の教団施設に転入届を提出することを抑止する効果が働くこととなり、その結果、当該地域の秩序が維持され、地域住民の生命や身体の安全性に対する危険性が低くなるなどの効果もある。

三　住基法施行令第一一条は市町村長に、住基法に基づく届け出があった場合には、その届出内容が事実であるかどうか審査したうえで住民票の記載等をする義務を負わせている。

この規定の解釈に当っては、住基法が地方自治の本旨の基づき、解釈、運用されるべきものであることに照らし、市町村長が当該届出内容等を審査した際に、その届出を受理することにより、地域住民の不安や様々な不利益を助長することになるなど、ひいては、地域住民の基本的人権を保障することができなくなるような場合においては、特に、客観的な居住の事実を審査することのみならず、地域住民及び滞在者の安全、健康及び福祉を保持するために、実質的審査権限を行使することができると解すべきものである。

【上告審判決】

「住民基本台帳に関する法令の規定及びその趣旨によれば、住民基本台帳は、これに住民の居住関係の事実と合致した正確な記録をすることによって、住民の居住関係の公証、選挙人名簿の登録その他の住民に関する事務の処理の基礎とするものであるから、市町村長は住民基本台帳法（以下、法という）の適用が除外される者以外の者から法22条の規定による転入届があった場合には、その者に新たに当該市町村の区域内に住所を定めた事実があれば、法定の届出事項に係る事由以外の事由を理由として転入届を受理しないことは許されず、住民票を作成しなければならないというべきである。

所論は、地域の秩序が破壊され住民の生命や身体の安全が害される危険性が高度に認められるような特別の事情がある場合には、転入届を受理しないことが許される旨をいうが、実定法上の根拠を欠く主張といわざるを得ない」

として上告を棄却した。

【寸　言】

オウム真理教の信者による多くの犯罪行為、反社会的行為が繰り返されたことによって国民の多くが不安を抱いていた社会状況のもとで、信者が近隣に居住することについて、各地で住民の強い反対、拒否反応がみられた。

このような住民の不安、不利益を予防し、住民の安全を保持し、その権利、利益を保護するために、市町村長が、信者の転入届を受理しないという行政上の理由は理解できるところであるが、転入届の不受理が実定法上の根拠を欠くとした司法判断は、社会情勢に左右されないで、実定法に従った、極めて当然のことであり、このような社会的な求めに対しては時宜に適った立法的な解決が求められる。

7 弁護士が委任事務処理の前払い費用を預かった場合の保管について

平成一五年六月一二日判決　同一三年(行ヒ)二七四号　債権差押処分無効確認請求事件

債務整理事務の委任を受けた弁護士が、委任事務処理のため委任者から受領した金銭を預け入れるために弁護士の個人名義で開設した普通預金口座の預金債権の帰属。

【事案の概要】

一　会社から債務整理事務を委任された弁護士甲が、委任事務処理遂行のために会社から受領した五〇〇万円を、甲名義の普通預金口座を開設して預け入れ、預金通帳、届出印を管理していた。

二　本件預金口座には会社の不動産、動産の売却代金、会社の売掛金、請負代金公租公課の還付金などが振り込まれた。甲は債務整理事務処理のために本件預金から会社の債権者に対する配当金およびその振込手数料、会社従業員の給料社会保険料などが出金された。

三　税務署長は、口座開設五ヶ月後に預金残金二七四万円は会社の財産であるとして、差押え及び交付要求をした。

【原　判　決】

任意整理を受任した弁護士は、その前払費用として委任者から弁済資金を受領したとしても、委任者の債務の弁済を委任者の代理人として行うことが委任の目的であって、その目的以外に弁護士がその弁済資金を事由に処分できるものではなく、善管注意義務をもってこれを管理し、委任契約が解約されたときはその返還義務を負う。

前記事実関係と任意整理目的の本件委任契約の内容を考慮すると、本件口座に係る預金契約は、上告会社の出　により会社の預金とする意思で甲を使者ないし代理人として締結されたものと認めるのが相当であり、本件預金債権は会社に帰属するというべきである。委任者たる会社から預かった弁済資金は、受任者たる甲の所有になるとは解されない。以上によれば、本件差押えが違法であると認めることはできない。

【上告審判決】

弁護士甲は、会社から弁護士業務の一環として債務整理事務の委任を受け、同事務の遂行のために、その費用として五〇〇万円を受領し、弁護士甲名義の本件口座を開設して、これを入金し以後、本件差押えまで、本件口座の預金通帳及び届出印を管理して預金の出し入れを行っていたというのである。

債務整理事務の委任を受けた弁護士が委任者から債務整理事務の処理の費用に充てるためにあらかじめ交付を受けた金銭は、民法上は同法六四九条の前払費用にあたるものと解される。そして、前払費用は、交付のときに委任者の支配を離れ、受任者がその責任と判断に基づいて支配管理し委任契約の趣旨に従って用いるものとして、受任者に帰属するものと解すべきである。

受任者は、これと同時に、委任者に対し、受領した前払費用と同額の金銭の返還義務を負うことになるが、その後、これを委任事務の処理の費用に充てることにより同義務を免れ、委任事務終了時に精算した残金を委任者に返還する義務を負うことになるのである。

そうすると、本件においては、上記五〇〇万円は弁護士甲が会社から交付を受けた時点において弁護士甲に帰属することになったのである。本件口座は弁護士甲が、このようにして取得した財産を委任の趣旨にしたがって自己の他の財産と区別して管理する方途として開設したものというべきである。

これらによれば、本件口座は、甲が自己に帰属する財産をもって自己の名義で開設し、その後も自ら管理していたものであるから、銀行との間で本件口座にかかる預金契約を締結したのは甲であり、本件口座に係る預金債権はその後に入金されたものを含めて甲の銀行に対する債権であると認めるのが相当である。

したがって、会社の滞納税の徴収のために本件預金債権を差押えることはできないものというほかはない。

【裁判官深澤武久　同島田仁郎の補足意見】

弁護士が委任事務処理の前払い費用を受領した場合の保管については、法廷意見の述べる方法があることを前提として、弁護士は、交付を受けた金銭等を自己の固有の財産と明確に区別して管理し、専ら委任事務処理のために使用しなければならないのであって、それを明確にしておくために、金銭を預金して管理する場合の預金名義も、そのことを示すのに適したものとすべきであることを指摘した。

「会社の資産の全部または一部を債務整理事務の処理に充てるために弁護士に移転し、弁護士の責任と判断においてその管理、処分をすることを依頼するような場合には、財産権の移転及び管理、処分の委託という面において、信託法の規定する信託契約の締結と解する余地もあるものと思われるし、場合によっては、委任と信託の混合契約の締結と解することもできる。この場合には、会社の資産は弁護士に移転する（同法一条）が、信託財産として受託者である弁護士の固有財産からの独立性を有し、弁護士の相続財産に属さず（同法一五条）、弁護士の債権者による強制執行等は禁止され（同法一六条一項）、弁護士は信託の本旨に従って善管注意義務をもって管理しなければならず（同法二〇条）金銭の管理方法も定められており（同法二一条）、弁護士は原則としてこれを固有財産としたり、これにつき権利を取得してはならない（同法二二条一項）など、法律関係が明確になるし、債務者が債権者を害することを知って信託した場合には、受託者が善意であっても債権者は詐害行為として信託行為を取消すことができる（同法一二条）のである。これらの規定が適用されるならば、授受された金銭等をめぐる紛争の生ずる余地が少なくなるものと考えられる」。

8　司法書士会の復興支援金決議の有効性
平成一四年四月五日判決　同一一年(受)七四三号　債務不存在確認請求事件

強制加入団体である司法書士会が、阪神淡路大震災の被災地の司法書士会に送付する復興支援金拠出をするための総会決議が、司法書士会の目的の範囲を逸脱するもので無効であるかどうかが問題となった。

【事案の概要】
被告司法書士会は、平成七年二月二五日開催の臨時総会において
一　阪神淡路大震災により被災した兵庫県司法書士会に三〇〇〇万円の復興支援金を寄付する。
二　このため復興支援特別会計を設置し、共済特別会計から復興支援特別会計への貸出しを行いこの貸付金を拠出金にあてる。
三　復興支援特別会計は
ア　一般会計からの繰入金（役員手当の減額、事業の縮小を含む見直し、旅費日当規定の見直しなどから生じる余剰金を繰り入れる）
イ　会員から登記申請一件につき五〇円を徴収する。

旨の決議をした。これに対し被告の会員が、上記決議は司法書士会の目的の範囲を超えるもので無効であるから会員にその支払い義務がないとして、債務不存在の確認を求めたものである。

【一審判決】

一　司法書士会の目的は、司法書士法一四条二項において「司法書士会は司法書士の品位を保持し、その改善進歩を図るため、会員の指導および連絡に関する事務を行うことを目的とする」と定められ、法務大臣の監督に服する公的性格を有する。さらに司法書士会は強制加入団体であり司法書士会に入会している司法書士でない者は司法書士業務を行ってはならないとされている。そして、会員には実質的に脱退の事由は保障されていないことからすると、その目的の範囲を判断するに当っては、特に会員の思想・信条の自由を害することのないように十分配慮する必要があり、これを会社のような広範囲なものと解するならば、法の要請する公的な目的の達成を阻害して法の趣旨を没却する結果となることは明らかである。

二　強制加入団体である司法書士会の会員には、様々な思想・信条および主義主張を有する者が存在することが当然に予想される。したがって司法書士会が多数決原理に従って決定した意思に基づいてする活動にも、そのために会員に要請される協力義務にもおのずから限界がある。

三　本件のように、阪神大震災により被災した司法書士会・司法書士の復興を支援するために金員を拠出するというものであっても、どのような方法でいかなる金額を送るか等については、各人が自己の良心に基づいて自主的に決定すべき事柄であり、他から強制される性質のものではない。

四　このような公的性格を有する司法書士会が、このような事柄を多数決原理によって団体の意思として決定し、構成員にその協力を義務付けることはできないというべきであり、司法書士会がそのような活動をすることは法の予定しないところである。司法書士会が阪神大震災により被災した兵庫県司法書士会に金員を送金することは、それが倫理的、人道的見地から実施されるものであっても法一四条二項所定の司法書士会の目的の範囲外の行為であるといわざるを得ない。したがって本件決議は被告の目的の範囲外の行為を目的とするものとして無効と解するほかはない。として会員が登記申請一件につき五〇円の支払義務がないことを確認し原告の請求を認めた。

【控訴審判決】

一　司法書士会は司法書士法に根拠を有する法人として、一個の社会的組織体として実在し、一定の社会的役割を果たすことも期待ないし要請されているというべきであり、例えば災害救援資金の寄付、地域社会への財産上の奉仕、各種福祉事業への資金面での協力などの面で応分の負担をすることも、社会的に相当と認められる限り権利能力の範囲内にあるとみることができる。けだし司法書士法の掲げる「司法書士の品位を保持し、その業務の改善を図る」という司法書士会の目的達成のためには会員の指導連絡という純然たる会内的な活動ばかりでなく、一定範囲での対外的な活動も予定されているというべきである。

二　司法書士会は司法書士法に根拠を有する強制会であり、会員は入会が強制され、脱退の自由も実質的に保障されていないから、会員には様々の思想・信条及び主義・主張を有する者が存在することが当然に予想される。したがって、司法書士会が多数決により決定した意思に基づいてする活動にも、そのために会員に要請される協力義務にも、司法書士会の強制加入団体としての性格上おのずから限界がある。例えば、司法書士会が政党など政治資金規正法上の団体に寄付をすることのようにその活動自体が司法書士会の目的の範囲外であると認められる場合もあるし、司法書士会の目的の範囲内でないとはいえないとしても、そのことから直ちに、会員の協力義務を無条件で肯定できない場合もあり得る。その限界については、問題とされている具体的な司法書士会の具体的な活動の内容、会員たる個々の司法書士にもとめられる協力の内容、程度、態様等を比較考量し、司法書士会としての活動の必要性、多数決原理による司法書士会運営の実効性、会員個人の基本的利益の擁護ないしその抵触との調和の観点からこれを決するべきである。

三　本件決議は被災した司法書士会・司法書士の復興を支援すること、具体的には被災司法書士会・司法書士の業務の円滑な遂行を経済的に支援することにより司法書士会・司法書士の機能の回復に資することを目的と・・するものであり、一般に災害救援等の目的のために寄付をすること自体は、控訴人の権利能力の範囲を超えるとはいえない。

特定の災害被災者支援のための寄付の財源とすることを明示して、そのための会費あるいは特別の負担の拠出を会員に求めても、その使途に付いて、例えば一定の政治的または宗教的立場に沿った運用が予定されるなど、会員の政治的または宗教的立場や信条に対する影響が直接かつ具体的であるような特段の事情が認められない限りは、会員が金銭的負担を負わされることが直ちに一定の政治的、または宗教的立場や信条の表明に直結するということもできないから、控訴人会が多数決によって会員に被災者支援のための金銭的負担を求めることは、これが会員の思想、信条の自由に対する何らかの制約になるとしても、その程度は軽微であって、思想・信条等の人間の精神的自由を根本的に否定するほどのものではないというべきである。

本件においては右の特段の事情は認められないから。控訴人会による災害に対する救援のための寄付については、基本的には会の自主的判断によって決められるべきものであり、多数決によりそれが決定された以上、これに反対の意見をもつ会員に対しても、会則および特別負担金規則の定めによる会員の協力義務を否定する理由はないというべきである。

として一審判決を取消して原告の請求を棄却したため原告が上告した。

【上告審判決】

「本件拠出金は、被災した兵庫県司法書士会及び同会所属の司法書士の個人的ないし物理的被害に対する直接的な金銭補てん、または見舞金という趣旨のものではなく、被災者の相談活動等を行なう同司法書士会ないしこれに従事する司法書士への経済的支援を通じて司法書士の業務の円滑な遂行による公的機能の回復に資することを目的とする趣旨のものであったというのである。

司法書士会は、司法書士の品位を保持し、その業務の改善進歩を図るため、会員の指導及び連絡に関する事務を行なうことを目的とするものであるが、その目的を遂行する上で直接または間接に必要な範囲で、他の司法書士会との間で業務その他について提携、協力、援助等をすることもその活動範囲にふくまれるというべきである。そして本件拠出金の額については、それがやや多額にすぎるのではないかという見方があり得るとしても阪神・淡路大震災が甚大な被害を生じさせた大災害であり、早急な支援を行なう必要あったこと等の事情を考慮するとその金額の大きさをもって直ちに本件拠出金の寄付が被上告人の目的の範囲を逸脱するものということはできない。したがって、兵庫県司法書士会に本件拠出金を寄付することは被上告人の権利能力の範囲内にあるというべきである。

そうすると、被上告人は本件拠出金の調達方法についても、それが公序良俗に反するなど会員の協力義務を否定すべき特段の事情のある場合を除き、多数決原理に基づき自ら決定することができるものというべきである。

これを本件についてみるに、被上告人がいわゆる強制加入団体であることを考慮しても本件負担金の徴収は、会員の政治的又は宗教的立場や思想信条の自由を害するものではなく、また、本件負担金の額も、登記申請事件1件につき、その平均報酬二万一〇〇〇円の〇・二％強に当る五〇円であり、これを三年間の範囲で徴収するというものであって、会員に社会通念上過大な負担を課するものではないから、本件負担金の徴収について公序良俗に反するなど会員に協力義務を否定すべき特段の事情があるとは認められない。」として上告を棄却した。

【裁判官深澤武久の反対意見】

一　司法書士となる資格を有する者が司法書士となるには、日本司法書士会連合会に登録をしなければならない。登録をしないで司法書士の業務を行なった場合は一年以下の懲役または三〇万円以下の罰金が定められている（司法書士法一九条一項、二五条一項）このように司法書士会は司法書士になろうとする者に加入を強制するだけでなく、会員が司法書士の業務を継続する間は脱退の自由を有しない公的色彩の強い厳格な強制加入団体である。このような性格を有する司法書士会は、株式会社等営利を目的とする法人とは法的性格を異にし、その目的の範囲も会の目的達成のために必要な範囲内で限定的に解釈されなければならない。

司法書士会も社会的組織として相応の社会的役割を果たすものであり、本件拠出金の寄付も相当と認められる範囲内においてその権利能力の範囲内にあると考えられる。ところで、本件決議当時、被上告人の会員は二八一名で経常費用に充当される普通会費の年間収入は三〇三四万八〇〇〇円であったから、本件拠出金は被上告人の年間収入にほぼ匹敵する額であり、被上告人より多くの会員を擁する東京会の五〇〇〇万円、広島会、京都会の各一〇〇〇万円の寄付に比して突出したものとなっている。これに加えて被上告人は本件決議に先立ち、一般会計から二〇〇万円、会員からの募金一〇〇万円等を兵庫県司法書士会に寄付している。

司法書士会の目的、法的性格、被上告人の規模、財政状況（本件記録によれば被上告人は平成七年一月頃、会費増額が話題になったことが窺われる）などを考慮すれば、本件拠出金の寄付は、その額が過大であって、強制加入団体の運営として著しく慎重さを欠き、会の財政的基盤を揺るがす危険を伴うもので、被上告人の目的の範囲を超えたものである。

二　被上告人は上記のような性格を有する強制加入団体であるから多数決による決定に基づいて会員に要請する協力義務にも、おのずから限界があるというべきである。

本件決議に従わなかった会員に対しては、会長が注意を促し、これに応じない会員には、その一

○倍相当額を会に納入することを求め、総会決議の尊重義務を定めた会則に違反するものとして法務局長の行なう懲戒の対象にもなり得るのである。本件拠出金の寄付は、被上告人について法の定める本来の目的ではなく、友会の災害支援という間接的なものであるから、そのために会員に対して上記のような厳しい不利益を伴う協力義務を課することは、目的との間の均衡を失し、強制加入団体が多数決によって会員に要請できる協力義務の限界を超えた無効なものである。

【裁判官横尾邦子の反対意見】

一　本件拠出金を寄付することは被上告人の目的の範囲外の行為である。

司法書士法は「司法書士会は、司法書士の品位を保持し、その業務の改善進歩を図るため、会員の指導及び連絡に関する事務を行なうことを目的とする」と定めている。この定めは、基本的には、当該司法書士会の会員である司法書士を対象とするものであるが、司法書士業務の改善進歩を図るために、被災した他の司法書士会またはその会員に見舞金を寄付することも、それが社会的に相当と認められる寄付の範囲内である限り、司法書士会の権利能力の範囲内にあるとみる余地はある。

二　本件決議当時の被上告人の年間予算は約九〇〇〇万円であり、会員について火災等の被災の場合に拠出される見舞金は五〇万円である。また、本件決議以前に発生した新潟地震、北海道奥尻島沖地震等の災害に対し儀礼の範囲をこえる義捐金が送られたことはない。

本件決議案の提案理由によれば、被災司法書士事務所の復興に要する費用をおよそ三五億円とみて、その半額を全国の司法書士会が拠出すると仮定して被上告人の拠出金額三〇〇〇万円を試算していること等からすると本件拠出金の使途としては、主として被災司法書士の事務所再建の支援資金に充てられることが想定されていたとみる余地がある。本件拠出金についてはその後、司法書士会または司法書士の機能の回復に資することを目的とするという性格付けがされたとしても、前記のようにして試算された三〇〇〇万円という金額は変更されず、拠出金の具体的な使用方法は、挙げて寄付を受ける兵庫司法書士会の判断運用に任せたものであったという事実によれば、本件拠出金は、被災した司法書士の個人的ないし物理的被害に対する直接的な金銭補塡や見舞金の性格が色濃く残っていたものと評価せざるを得ない。

よって、本件拠出金を寄付することが被上告人の権利能力の範囲内であるとして上告人らの請求を棄却した原判決はこれを破棄し、上記と同旨の第一審の判断は正当であるから、被上告人の控訴は理由がないものとして棄却すべきである。

9　非嫡出子の相続分
平成一五年三月三一日判決　同一四年(オ)一九六三号　預金返還等請求事件

非嫡出子の相続分を嫡出子の二分の一と定めた民法九〇〇条四号ただし書前段の合憲性

【事案の概要】

被相続人の妻と摘出子が銀行に対し相続人の預金の払戻しを求め、これについて被相続人の非嫡出子が当事者参加して、非嫡出子の相続分を嫡出子の相続分の二分の一と定める民法九〇〇条四号ただし書前段は憲法一四条一項に違反するとして、銀行に対して平等な相続分を前提とした預金の払い戻しを求めた。

家族観、夫婦観、婚姻に対する考え方、社会秩序についての考え方と人権の調和をどこに求めるかという問題である。

【一審判決】

「平成七年七月五日大法廷決定（民集四九巻七号一七八九頁）は、民法九〇〇条四号ただし書の規定は不合理な差別とはいえず、憲法一四条に違反しない旨の判示をしている。その要旨は、憲法一四条合理的理由のない差別を禁止する趣旨の物であって、各人に存する経済的、社会的その他種々の事実関係上の差異を理由としてその法的取扱いに区別を設けることは、その区別が合理性を有する限り右規定に違反するものではない。相続制度を定めるに当ってはその国の伝統、社会事情、国民感情などの事情・並びにその国における婚姻ないし親子関係に対する規律等を考慮しなければならない。これらを総合的に考慮した上で相続制度をどのように定めるかは立法府の合理的裁量に委ねられていること、民法九〇〇条四号ただし書は遺言による相続分の指定などがない場合等において補充的に機能する規定であること、その立法理由は法律婚の尊重と非嫡出子の保護の調整を図ったものであること等を考慮すると合理的理由のない差別とはいえないとしている。当裁判所としては、前記最高裁の判断を今変更しなければならないとの合理的理由を見出し難い」として非嫡出子の請求を棄却した。

控訴審も一審判決と同じ理由で控訴を棄却した。

【最高裁判決】

非嫡出子の相続分を嫡出子の二分の一と定めた民法九〇〇条四号ただし書き前段の規定が憲法一四条一項に違反するものでないことは当裁判所の判例とするところである（最高裁平成三年（ク）第一四三号同七年七月五日大法廷決定）憲法一四条一項違反をいう論旨は採用することができない。

【裁判官島田仁郎の補足意見】

前掲大法廷決定からいまだ七年あまりしか経過していないとはいえ、その間の少子高齢化に伴う家族形態の変化、シングルライフの増加、事実婚、非婚の増加傾向とそれに伴う国民の意識の変化には相当のものがある。わが国の伝統は別として、立法した当時に存した本件規定による区別を正当化する理由となった社会事情や国民感情などは現時点でもはや失われたのではないかとすら思われる状況に至っている。

また、非嫡出子が本件規定によって受ける不利益は、単に相続分が少なくなるという財産上のものにとどまらず、このような規定が存在することによって、非嫡出子であることについて社会から不当に差別の目で見られ、あるいは見られるのではないかということで、肩身の狭い思いを受けることもあるという精神的な不利益も無視できないものがある。

以上の観点から、私は、少なくとも現時点においては、本件規定は明らかに違憲であるとまではいえないが、きわめて違憲の疑いが濃いものとあると考える。

【裁判官深澤武久の反対意見】

一　憲法は個人の尊厳を基本理念とし、国民生活の全般にわたって法の下の平等を保障しようとするもので、事柄の性質に即応した合理的な基礎に基づくものでなければ差別的な取扱いを禁止したものである。このような観点から同二四条二項が定められたのであり、このことは、憲法が家族に関する事項についての法は、わが国の歴史、伝統、習慣、社会的事情、国民感情等を考慮しながらもこれに徒に追従するのではなく、個人の尊厳を重視したものでなければならないことを求めているものと考えられる。

嫡出子、非嫡出子は本人を懐胎した母が、本人の父と法律上の婚姻をしていたかどうかによって決定され、出生によって定まる社会的身分である。本件規定における差別の合理性の判断は、子が婚姻家族に属することと、父の子として平等であるべきことのいずれを重視することが憲法の前記理念に適合するかによって決定されることになる。そして非嫡出子であることを理由として、その相続分を嫡出子の二分の一とすることは、非嫡出子を社会的身分を理由として差別することに帰着し、法律婚の尊重・保護という立法目的の枠を超えたものであって、そこに立法目的と手段との実質的関連性はなく、差別の合理的理由を認めることはできない。

二　前記大法廷決定の後、わが国の総人口の減少がいわれる中で、出生数の減少、非嫡出子の増加傾向、死亡数の漸増、婚姻年齢と第一子誕生時の母の高齢化、離婚と核家族の増加等がみられ国民の婚姻間、家族間等についての国民感情の形成に影響すると思われる社会事情は大きく変動しているのである。

これに加えて上記決定後の平成八年二月に法制審議会は「嫡出でない子の相続分は、嫡出子である子の相続分と同等とする」旨の民法の一部を改正する法律案要綱を法務大臣に答申した。

また、日本政府は、国際連合人権委員会に対し、市民的及び政治的権利に関する国際規約四〇条に基づき「嫡出である子と嫡出でない子の法定相続分を同等化する法改正を検討している」旨の報告を提出したが、同一〇年一一月同委員会は日本政府に対し、民法九〇〇条四号をふくむ法律改正のため必要な処置とることを勧告するとともに、この点を含む報告の提出を同一四年一〇月に指定した（同一五年二月末日現在、報告書は提出されていない。）このように本件規定が制定された後および上記決定後も日本社会は大きく変容し続け、本件規定の合理性を根拠付けていた諸要素についての社会の評価も変化しており、国際的な批判も生じているのである。これらの事情を勘案すれば、本件規定が法律婚の尊重・保護の目的のために相続において非嫡出子に差別を設けていることは、今日においては立法目的と手段の間に実質的な関連性を失い、個人の尊重と法の下の平等を定めた憲法に違反して無効というべきであるから、これを有効であることを前提とした原判決は破棄すべきものと考える。

【裁判官泉徳治の反対意見】

民法九〇〇条四号ただし書前段の規定は憲法一四条一項に違反して無効であり、原判決は破棄すべきであると考える。

憲法一四条一項は合理的理由のない差別を禁止するものであって、各人に存する経済的、社会的その他種々の事実関係上の差異を理由としてその法的取扱いに区別を設けることは、その区別が合理性を有する限り、同条項に違反するものではない。本件規定は、法律上の婚姻を尊重し保護するという立法目的に基くものであって、その目的には正当性が認められるが、本件規定が採用する嫡出でない子の相続分を嫡出である子の相続分の二分の一とするという手段が上記立法目的の促進に寄与する程度は低いものと考えられ、上記立法目的達成のため重要な役割を果たしているとは解することができない。したがって、本件規定の持つ合理性は比較的弱いものというほかない。一方、嫡出でない子が被る平等原則、個人としての尊重、個人の尊厳という憲法理念にかかわる犠牲は重大であり、本件規定にこの犠牲を正当化する程の強い合理性を見出すことは困難である。本件規定は憲法一四条一項に違反するといわざるを得ない。

本件が提起するような問題は、立法作用によって解決されることが望ましいことはいうまでもない。しかし、多数決原理の民主制の過程において、本件のような少数グループは代表を得ることが困難な立場にあり、司法による救済が求められていると考える。

10　ＪＲ不採用事件

平成一五年一二月二二日判決　同一三年（行ヒ）第九六号等

①　同一三年（行ヒ）第五六号　労働委員会救済命令取消請求事件

②　同一三年（行ヒ）第九四号　不当労働行為救済命令取消請求事件

③　同一三年（行ヒ）第九六号　不当労働行為救済命令取消請求事件

④　同一三年（行ヒ）第一六号　労働委員会救済命令取消請求事件

【事案の概要】

一　昭和六一年一一月に成立した国鉄改革法とその関連法は、国鉄の旅客事業を六分割してあらたに設立するＪＲ各社に承継させ、貨物事業についても貨物会社を設立してこれに事業を承継させることにした。

承継法人ＪＲ各社の職員の採用については

①　承継法人の設立委員が、国鉄を通じて、国鉄職員に対し承継法人の職員の労働条件及び採用の基準を提示して職員の募集を行う。

②　国鉄が、承継法人の職員となる意思を表示した者の中から①の採用基準に従い、承継法人別に職員となるべき者を選定して、名簿を作成して設立委員に提出する。

③　名簿に記載された国鉄職員のうちから設立委員が採用を決定する。ものとされていた（日本国有鉄道改革法二三条）

二　設立委員と国鉄の関係について改革法案を審議した参議院特別委員会において、運輸大臣は「国鉄当局が行う名簿の作成など新会社に移行する職員の選定というものは、設立委員の補助者として行う行為でありますから、国鉄当局が国鉄の組合と団体交渉をする立場にはない、これはご理解をいただきたいと思います」「承継法人の職員の具体的な選定作業は設立委員などの示す採用の基準に従って国鉄当局が行うわけでありますが、この国鉄当局の立場と申しますものは、設立委員などの採用事務を補助するものとしての立場でございます。法律上の考え方で申しますならば、民法に照らして言えば準委任に近いものでありますからどちらかといえば代行と考えるべきではなかろうか」

などと答弁し、法案の採決に際して「各旅客鉄道株式会社においては客観的かつ公正なものとするよう配慮するとともに、本人の希望を尊重し、所属労働組合等による差別等が行なわれることのないよう特段の留意をすること」という付帯決議が行われた。

三　このような経過の後、昭和六二年四月国鉄を民営化する過程において、ＪＲに採用されなかった国鉄労働組合の組合員がＪＲ各社の労働法上の責任を追求したものである。関連する上告事件は六件　上告人あるいは補助参加人として関与した労働者は五六六名　国鉄分割後約一六年を経過しての判決である。

【各上告事件の問題点】

① 国鉄労働組合の組合員を採用しなかったことが不当労働行為に当たる場合国鉄の承継法人であるＪＲが労働法七条の「使用者」として責任を負うか。

② 上記採用が新規採用の形式を採っているため新規採用における採用拒否についての不当労働行為（労組法七条一号本文前段の不利益取扱い、同条三号の支配介入）の成否。

上記各上告事件の争点は共通するので③の事件（行ヒ）第九六号の判決を紹介することとする。

【最高裁判決】

一　四月採用について

改革法は、承継法人を設立して国鉄の事業等を引継がせ、国鉄が承継法人に事業等を引継いだ時に、国鉄を事業団に移行させて、承継法人に承継されない資産、債務等を処理するための業務等を行わせるため、その職員の再就職の促進を図るための業務を行なわせることとしたのであり、これを受けて、国鉄の職員について、承継法人の職員に採用されるべき者と国鉄の職員のまま残留させる者とに振り分けることとし、国鉄にその振り分けを行わせることとしたのである。そして、改革法二三条において、上記のとおり、承継法人設立時にその職員として採用する者を決定する手続きを特に定めたのであるから国鉄の職員であっても同条所定の手続きによらない限り、承継法人設立時にその職員として採用される余地はなかったものというべきである。

国鉄によって承継法人の採用候補者に選定されず採用候補者名簿に記載されなかった者は、国鉄の職員の地位にとどまり、国鉄が事業団に移行するのに伴ってその職員となり、国鉄との従前の雇用契約関係が形を変えて存続することになったのであるから、上記職員の雇用主は、国鉄、次いで事業団であることは明らかである。このように改革法は、国鉄が上記振り分けに当って採用候補者として選定せず採用候補者名簿に記載しなかったため承継法人の職員として採用されなかった国鉄職員については、国鉄との間で雇用契約関係を存続させ、国鉄が事業団に移行するのに伴い事業団の職員とし、事業団との間に雇用関係を存続させることにしたが、この処置は、事業団の職員となった者について特措法により移行の日から三年以内に再就職を図るものとしてその間に再就職の準備をさせることとしたものであり、雇用契約関係終了に向けての準備期間をおくことを目的としたものである。承継法人の職員に採用されず国鉄の職員から事業団の職員の地位に移行した者は、承継法人の職員に採用された者と比較して不利益な立場に置かれることは明らかである。そうすると、仮に国鉄が採用候補者の選定及び採用候補者名簿の作成に当たり組合差別をした場合国鉄は，その職員に対し、労働組合法七条一号が禁止する労働組合の組合員であることの故を持って不利益な取扱いをしたことになるというべきであり、国鉄、次いで事業団はその雇用主として同条にいう「使用者」としての責任を免れないものというべきである。他方、改革法は、所定の採用手続きによらない限り承継法人設立時にその職員として採用される余地はないこととし、その採用手続きの各段階における国鉄と設立委員の権限については、これを明確に分離して規定しており、このことに改革法及び関係法令の規定内容を併せて考えれば、改革法は、設立委員自身が不当労働行為を行った場合は別として、専ら国鉄が採用候補者の選定及び採用候補者名簿の作成に当たり組合差別をしたという場合には、労働組合法七条の適用上、専ら国鉄、次いで事業団にその責任を負わせることとしたものと解さざるを得ず、このような改革法の規定する法律関係の下においては、設立委員ひいては承継法人が同条にいう「使用者」として不当労働行為の責任を負うものではないと解するのが相当である。

二　六月採用について、

原審は、六月採用は新規採用に当るから、その採用の拒否は労働組合法七条一号本文の不利益取扱いに当らないと判断した。

企業者は、経済活動の一環としてする契約締結の自由を有し、自己の営業のために労働者を雇用するにあたり、いかなる者を雇い入れるか、いかなる条件でこれを雇うかについて、法律その他による特別の制限がない限り、原則として自由にこれを決定することができるのであり、他方、企業者は、いったん労働者を雇い入れ、その者に雇用関係上の一定の地位を与えた後においては、その地位を一方的に奪うことにつき、雇い入れの場合のような広い範囲の自由を有するものではない（最高裁昭和四三年（オ）第九三二号同四八年一二月一二日大法廷判決・民集二七巻一一号一五三六頁参照）。そして、労働組合法七条一号本文は「労働者が労働組合の組合員であること、労働組合に加入し、若しくはこれを結成しようとしたこと若しくは労働組合の正当な行為をしたことの故をもって、その労働者を解雇し、その他これに対して不利益な取扱いをすること」又は「労働者が労働組合に加入せず、もしくは労働組合から脱退することを雇用条件とすること」を不当労働行為として禁止するが、雇入れにおける差別的取扱いが前者の類型に含まれる旨を明示的に規定しておらず、雇入れの段階と雇入れ後の段階とに区別を設けたものと解される。そうすると雇入れの拒否は、それが従前の雇用関係における不利益取扱いにほかならないとして不当労働行為の成立を肯定できる場合に当るなどの特段の事情がない限り、労働組合法七条一号本文にいう不利益な取扱いに当らないと解するのが相当である。

前記事実関係によれば、六月採用は、すでに被上告人ＪＲ北海道が設立された後において、同被上告人が採用の条件、人員等を決定して行ったものであり、同被上告人が雇入れについて有する広い範囲の自由に基づいてした新規の採用というべきであって、六月採用における採用の拒否についで上記特段の事情があるということはできない。したがって、六月採用における採用の拒否は、労働組合法七条一号本文にいう不利益な取扱いに当らないというべきである。

【裁判官深澤武久　同島田仁郎の反対意見】

1　四月採用について

（一）　承継法人の職員採用は、改革法二三条によって

①　設立委員が、国鉄を通じ、その職員に対し、労働条件及び採用の基準を提示して職員の募集をし、

②　国鉄が、その職員の意思を確認し、設立委員から提示された採用の基準に従い採用候補者の選定をした上、採用候補者名簿を作成して設立委員に提出し、

③　設立委員が、その判断と責任によって国鉄から提出された採用候補者名簿に記載された者の中から職員として採用すべき者を決定するものとされている。

改革法は、採用手続きの各段階について、国鉄と設立委員の行う事務手続きを定めているが、これは承継法人の設立に際して二七万人を超える国鉄職員の中から改革法成立後、約四ヶ月間に二一万五〇〇〇人という多数の職員を採用しなければならないため、職員についての資料を有し、その事情を把握している国鉄が採用候補者名簿の作成等を行うのが適切であるとされたからにすぎない。そのために、国鉄は、承継法人の職員の採用のために設立委員の提示した採用の基準に従って採用候補者名簿の作成等の作業をすることとされ、国鉄総裁が設立委員に加わり、設立委員会における実際の作業も国鉄職員によって構成された設立委員会事務局によって行われたものと考えられる。このような採用手続きの各段階における作業は、各々独立の意味をもつものではなく、すべて設立委員の提示する採用の基準に従った承継法人の職員採用に向けられた一連の一体的なものであって、同条において国鉄と設立委員の権限が定められていることを理由に、その効果も分断されたものと解するのは、あまりにも形式論にすぎるものといわざるを得ない。

(二)　改革法の国会審議において、法案を所管する運輸大臣は、国鉄と設立委員の関係について、国鉄は設立委員の採用事務を補助する者で、民法上の準委任に近いものである旨を繰り返し答弁し、さらに、国鉄は設立委員の補助者であるから国鉄の組合と団体交渉をする立場にはないと説明しているのである。国会の法案審議における大臣の答弁は、立法者の意思として法解釈に際して重く評価しなければならない。特に、改革法は、国鉄の抜本的改革を目的として、昭和六一年一一月二八日に成立し、同年一二月四日に公布、施行されたものであるところ、同六二年四月一日に国鉄改革を実施することとされ（同法五条）、極めて短期間のうちにその内容を実現して、役割を果たしたのであって、この経緯を考慮すれば、合理的な理由もなく立法者意思に反した法解釈をするのは避けるべきである。これら大臣の答弁は法案説明のために便宜的に用いられたに過ぎないというような見解は、国会の審議を軽視し、国民の国会審議に対する信頼を損なうもので、到底容認できない。また、大臣の上記発言を受けて、当時、国鉄が承継法人の職員採用に関しての団体交渉に応じなかった経緯も考慮すべきである。

(三) 上記のとおり、改革法は、承継法人の職員採用について、国鉄に設立委員の補助的なものとして権限を付与したものと解すべきであるから、採用過程において国鉄に不当労働行為があったときは、設立委員ひいては承継法人が労働組合法七条の「使用者」として不当労働行為責任を負うことは免れないのである。

二　六月採用について

(一) 雇主は、労働者を採用するに当たり、どのような者を採用するか、いかなる条件で採用するかについて採用の自由を有するのである。しかし、営業譲渡とか新会社を設立して旧会社の主たる資産を譲り受け、労働者を承継するといったような、雇主が労働者の従前の雇用関係と密接な関係があると認められるような事情がある場合には採用の自由が制限されることもある。

改革法は、国鉄の事業、権利、義務について

① 国鉄が経営している旅客事業を承継法人に引継がせる（六条二項）。

② 運輸大臣は、閣議の決定を経て、事業の引継ぎ並びに権利及び義務の承継等に関する基本計画を定め（一九条一項）、国鉄がこれにしたがって実施計画を作成して運輸大臣の認可を受けた時は、

承継法人成立の時に、国鉄の事業等は承継法人に引継がれ（二一条）、国鉄の権利及び義務のうち認可を受けた実施計画において定められたものは、その定めるところに従い承継法人が承継する（二二条）。

③　国鉄を事業団に移行させ、承継法人に承継されない国鉄の資産、債務等の処理をするための業務等のほか、職員の再就職の促進を図るための業務を行わせる（一五条）と定めている。

また、改革法は、

国鉄の職員が承継法人の職員となる場合には退職手当は支給しない（二三条六項）

上記職員が承継法人を退職して退職手当の支給を受ける時は、国鉄職員としての在職期間を承継法人の在職期間に通算する（同条七項）。と定め、上記基本計画においては当時二七万人を超える国鉄職員のうち、二一万五〇〇〇人を承継法人が採用し、うち一万三〇〇〇人を被上告人ＪＲ北海道が採用することとすると定めている。

二　上記のとおり、承継法人は、国鉄の事業を引継ぎ、上記実施計画の定めにしたがって権利及び義務を承継し、職員は国鉄職員のうちからのみ採用することとして、国鉄職員の約八〇％の職員を採用し、退職手当の支給について国鉄職員の在職期間を通算することとして雇用契約の一部を承継するなどしたのである。そして、六月採用は、被上告人ＪＲ北海道が、設立直後に追加採用として、募集対象者を北海道地区に勤務する事業団の職員に限定して行ったものである。同被上告人は、事業団移行前の上記職員と国鉄との雇用関係とこのような密接な関係を有していた以上、六月採用において労働者採用の自由について制限を受けるものというべきである。したがって、六月採用が新規の採用であることを理由として、その採用の拒否が労働組合法七条一号本文にいう不利益な取扱いにあたらないと断ずることはできない。これと異なる原審の判断には判決に影響を及ぼすことが明らかな法令の違反がある。

以上の次第であるから、原判決を破棄し、四月採用及び六月採用における不当労働行為の点についてさらに審理させるため、本件を原審に差し戻すべきである。

11　新潟女性監禁事件
平成一五年七月一〇日判決　同年(ア)第六〇号八八号　略取逮捕監禁致傷窃盗被告事件

【問　題　点】

刑法四七条に基づいて併合罪加重をするにあたり、併合罪の構成単位である各罪について、個別的な量刑を行なうことが法律上予定されているか。

本件は事件発生当時から女児行方不明事件として社会の耳目を集めていたが、九年二ヶ月を経て発見され、監禁が九年二ヶ月の長期にわたっていたことから、その量刑が注目されていた。

【事案の概要】

一　被告人は、平成二年一一月一三日午後五時頃、新潟県三条市の農道を自動車で進行中、ランドセルを背負って独りで歩いて下校途中の女子中学生甲（当時九歳、小学校四年生）を見つけ、ナイフを胸部に突きつけて「おとなしくしろ。声を出すな」などと脅迫して、同女を自動車のトランクに押し込み自宅に連れ込んで略取し、その頃から平成一二年一月頃までの間、同所において「この部屋からは出られないぞ」「ここでずっと暮らすんだぞ」「誘拐されて殺されちゃった女の子のようになってみたいか」などといい、ナイフを突きつけながら「お前の腹に刺して見るか」などと脅迫し、また、腹部等にスタンガンで放電し、顔面を殴打するなどの暴行を繰り返し、同女は命を奪われることへの恐怖から逃げ出す意思を失うほどになっていた。また、監禁中は汚れて使用できなくなるまで衣服を替えさせず、風呂にも入らせず、トイレも使わせないで自室内でビニール袋にさせるほか、ベットから降りることを禁じる等、室内での行動範囲を限定した状況で、同一二年一月二八日まで約九年二ヶ月余同女を監禁し、同女は、発見されたとき自力で階段を降りられないなど、監禁によって治療期間不明の両下肢筋力低下、骨量減少等の傷害を負わせた。

二　平成一〇年一〇月頃女性用下着四枚（時価合計二四六四円位）を窃取した。

【一審判決】

本件のうち、未成年者略取及び逮捕監禁致傷罪の犯情がまれに見るほど極めて悪質なのに対して、窃盗の犯行は、非常に悪質とまでは言えず、被害額が比較的少額であり、被害弁償もされ、被害者の財産的被害は回復されて実害がない等の事情があり、このような場合の量刑をどのように判断すべきかが問題になる。刑法が併合罪を構成する数罪のうち、有期の懲役刑に処すべき罪が二個以上含まれる場合の量刑については、加重単一刑主義をとり、その情状が特に重いときは、その各罪の刑の長期の合計を超えることができないとしつつ、その長期に、その半数を加えた刑期の範囲内で最終的には一個の刑を科するとした趣旨を勘案すると、併合罪関係にある各罪ごとの犯情から導かれるその刑量を単に合算させて処断刑を決するのではなく、その各罪を総合した全体的な犯情を考慮してその量刑処断すべき刑を決定すべきものと解される。

本件各犯行は被告人が自らの欲望を満足させることだけを考えて敢行した極めて身勝手な動機に基づくものであり、その略取から逮捕監禁に至る犯行も約九年二ヶ月という異常な長期間にわたって継続され、その間、同女の逃走を防止するべく執拗な脅迫と暴行を加え、同女に対して幾多の不合理、不条理な命令を加え、義務を課し、それに違反すると執拗、苛烈な暴行を繰り返すなど様々な虐待行為を行い、同女に、極限状態に近い生活を強いるなどその人格を完全に無視し、あたかも自己の愛玩物であるかのように取り扱うなどしてその結果、同女は非常に重い傷害を被った上人生の重要な時期を奪いとりもはやとりかえしがつかない。その動機、態様は極めて悪質であり、その発生した被害結果はあまりにも重大で、刑法がその構成要件として想定する犯行の中で最悪の所為ともいえる。また、本件窃盗は監禁行為の継続中に成長した同女に着用させるため敢行されたもので、その動機態様は相当に悪質であって、未成年者略取及び逮捕監禁致傷の犯情をいっそう悪化させているといわざるを得ない。

このように本件の処断刑になる逮捕監禁致傷罪の犯情には特段に重いものがあるといわざるを得ず、その犯情に照らして罪刑の均衡を考慮すると、被告人に対しては、逮捕監禁致傷罪の法定刑の範囲内では到底その適正妥当な量刑を行なうことはできないものと思料し、同罪の刑に法定の併合罪加重をした刑期の範囲内で被告人を主文掲記の刑（懲役一四年）に処することにした。

【二審判決】

一　原判決は、併合罪関係にある二個以上の罪につき有期懲役刑に処するに当っては、併合在中の最も重い罪の法定刑の長期が刑法四七条により一，五倍に加重され、その罪について法定刑を超える刑を科する趣旨の量定をすることができる、と解していることが明らかである。しかしながら、このような原判決の刑法四七条に関する解釈は誤りであるといわなければならない。

併合罪全体に対する刑を量定するに当っては、併合罪中最も重い罪につき定めた法定刑（再犯加重や法律上の軽減がなされた場合はその加重や軽減のなされた刑）の長期を一・五倍の限度で超えることがはできるが、同法五七条による再犯加重の場合とは異なり、併合罪を構成する個別の罪について、その法定刑を超える趣旨のものとすることは許されない。これを具体的に説明すると、逮捕監禁致傷罪と窃盗罪の併合罪全体に対する刑を量定するに当っては、例えば、逮捕監禁致傷罪につき懲役九年、窃盗罪につき懲役七年と評価して全体について懲役一五年に処することはできるが、逮捕監禁致傷罪につき懲役一四年、窃盗罪につき懲役二年と評価して全体として懲役一五年に処することは許されず、逮捕監禁致傷罪については最長でも懲役一〇年の限度で評価しなければならない。原判決は、併合罪全体に対する刑を量定するにあたり、再犯加重の場合のように、刑法四七条によって重い監禁致傷罪の法定刑が加重されたとして、同罪につき法定刑を超える趣旨のものとしているが、これは明らかに同条の趣旨に反するといわざるを得ない。

なお、原判決は、本件逮捕監禁致傷罪の「犯情に照らして罪刑の均衡を考慮すると、被告人に対しては、逮捕監禁致傷罪の法定刑の範囲内では到底その適正妥当な量刑を行なうことができない」とするが、そのような状況にあるのは、本件逮捕監禁致傷罪が法の予想するものを超えて著しく重大で深刻なものであることによるのである。本件のような犯行が生じることを前提とした時に、国民の健全な法感情からして、逮捕監禁致傷罪の法定刑の上限が懲役一〇年では軽すぎるとすれば、将来に向けて法律を改正するほかない。

結局、原判決は、刑法四七条の解釈を誤った結果、併合罪全体に対する刑を量定するにあたり、逮捕監禁致傷罪について、その法定刑の上限である一〇年を超える趣旨のものとしたといわざるを得ず、この違法が判決に影響をおよぼすことは明らかであるから、法令適用の誤りを言う論旨は理由があり、原判決は全部破棄を免れない。

二　被害者は九歳から一九歳まで、人生において最も大切ともいえる時期を、一室に閉じ込められ、外界から遮断されて過ごすことを強いられ、父母の養育や学校教育を受けたり、姉妹や友人と交わったり、様々な体験をしたりしながら健全に成長する機会を完全に奪われたのである。これにより被害者の失ったものは余りにも大きく、監禁罪の保護法益である身体活動の自由を質的に超えるともいえるほどであって、これを回復するすべはない。

監禁中、被害者のおかれた環境は余りにも劣悪であり、少女期から青春期にいたる女性の恥じらいや人間性、あるいは人間としての尊厳を極限までじゅうりんする悲惨なものである。監禁中に加えられた暴行脅迫や虐待により被害者が被った肉体的、精神的苦痛はまさに想像を絶するものがあり、ただ生き延びることだけを考えて、けなげに耐え忍んできたことに深い同情を禁じえない。

次に、窃盗の点についてみると、監禁中に成長した被害者に着用させる衣類を万引きしたもので、監禁を継続する手段としての性質を有し、常習性も窺われることからすれば、この種事案としては犯情悪質である。

原判決の認定した罪となるべき事実に、原判決挙示の各法条（科刑上一罪及び併合罪の処理を含む）を適用してその処断刑の範囲内で被告人を懲役一一年に処する。

【最高裁判決】

刑法四七条は、併合罪のうち二個以上の罪について有期の懲役又は禁錮に処するときは、同条の定めるところにしたがって併合罪を構成する各罪全体に対する統一刑を処断刑として形成し、修正された法定刑とでもいうべきこの処断刑の範囲内で、併合罪を構成する各罪全体に対する具体的な刑を決することとした規定であり、処断刑の範囲内で具体的な刑を決定するに当たり、併合罪の構成単位である各罪について、あらかじめ個別的な量刑判断を行なった上これを合算するようなことは、法律上予定されていないものと解するのが相当である。これを本件に即してみれば、刑法四五条前段の併合罪の関係にある逮捕監禁致傷罪と窃盗罪について併合罪加重を行なった場合には、両罪全体に対する処断刑の範囲は、懲役三月以上一五年以下となるのであって、量刑の当否という問題を別にすれば、上記の処断刑の範囲内で刑を決するに付いて、法律上特段の制約は存しないものというべきである。

原判決には刑法四七条の解釈適用を誤った法令違反があり、これが判決に影響を及ぼし、原判決を破棄しなければ著しく正義に反する。

12　強盗の実行行為者が刑事未成年者の場合強盗の共同正犯が成立するか

平成一三年一〇月二五日判決　平成一二年(あ)第一八五九号　強盗被告事件

【問　題　点】

是非弁別能力を有する刑事未成年者に指示命令をして強盗を実行させた者につき、強盗の共同正犯が成立するか。

強盗の実行行為者が未成年者のときは実行行為者については犯罪成立要件のうちの有責性を欠くため強盗罪は成立しない。この場合、刑事未成年者を利用して犯罪を行なった者の刑事責任については、これまで、間接正犯か教唆犯のいずれかが成立するとされていたが未成年者の母である本件被告人は、強盗の共同正犯として起訴された。このような場合、強盗の共同正犯を認めたはじめての最高裁判決である。

【事案の概要】

一　スナックのホステスだった被告人は生活費に窮して、スナックの女性経営者から金品を強取しようと企て、ビニール袋の穴をあけて覆面を作り、被害者に要求を記載したメモを書き、長男のエアーガンを持出したが、自分で実行するのが怖くなり長男に実行させようと考えた。そこで、長男に「ママ（被害者）のところに行ってお金をとってきて、映画でやっているように、金だ、とか言ってモデルガンを見せなさい。メモがあるからママにみせなさい」と指示し、躊躇する長男に「大丈夫、お前は、体が大きいから子供には見えないよ」と言って説得してエアーガン、覆面、メモ紙を長男に渡した。

長男は、午後六時二五分頃、スナックに行き、被告人から指示されたとおり、覆面をかぶり、エアーガンを被害者に突きつけながら「金だ、金」などと脅迫したほか、自己の判断で、スナック出入口のシャッターを下ろしたり「トイレに入れ。殺さないから入れ」などと申し向けるなどしてその反抗を抑圧し、現金約四〇万円などが入ったショルダーバックを強取した。被告人は二～三〇分後に帰ってきた長男から現金などを受け取り生活費等に費消した。

二　弁護人の主張は一，二審では、本件犯行は被告人の単独犯行であり長男は無関係であるというものであった。

上告趣意書においては一，二審が強盗行為をしたのは長男であると認定されたため、仮に、強盗行為をしたのが長男であったとしても、長男は責任無能力者であるから被告人には強盗の間接正犯成立するものであり、強盗の共同正犯と認定した原判決には事実誤認があると主張した。

【最高裁判決】

本件当時長男には是非弁別の能力があり、被告人の指示命令は長男の意思を抑圧するに足る程度のものではなく、長男は自らの意思により本件強盗の実行を決意した上、臨機応変に対処して本件強盗を完遂したことが明らかである。これ等の事情に照らすと、所論のように、被告人につき本件強盗の間接正犯が成立するものとは認められない。そして、被告人は、生活費欲しさから本件強盗を計画し、長男に犯行方法を教示するとともに犯行道具を与えるなどして本件強盗の実行を指示命令した上、長男が奪ってきた金品をすべて自ら領得したことなどからすると、被告人について本件強盗の教唆犯ではなく共同正犯が成立するものと認められる。

13 共謀共同正犯が認められた事例

平成一五年五月一日判決　平成一四年(あ)第一六四号　銃砲刀剣所持等取締法違反被告事件

暴力団組長である被告人が自己のボディーガードらのけん銃の所持につき、直接指示を下さなくてもこれを確定的に認識しながら認容し、ボディーガードらと行動を共にしていたことなど判示の事情のもとにおいては、被告人は前記所持の共謀共同正犯の罪責を負う。

【問　題　点】

本件ではボディーガードらが本件けん銃を所持していたことについては争いがなかったが、証拠上、被告人がボディーガードに対してけん銃の所持を具体的、明示的に指示した事実は認定されなかった。このような場合であっても黙示的な意思連絡等によって被告人に共謀共同正犯が成立するか。

【事案の概要】

本件は、広域暴力団の組長である被告人が遊興のため大阪から上京し、傘下の暴力団員らと数台の乗用車に分散して移動中、令状による捜索を受け、組長の警護を専属的に担当するスワットと呼ばれるボディーガードが乗車していた自動車内から適合実包の装填されたけん銃五丁が見つかったため、組長とボディーガード九名が逮捕され、けん銃加重所持罪で起訴された。
スワットとは、襲撃してきた相手に対抗できるようにけん銃等の装備をし、組長が外出すると帰宅するまで行動をともにして組長を警護する役割を担っているものであるが、米国警察の特殊部隊にある名称を被告人が属する暴力団において、専属的に組長を警護するボディーガードをこのように称していた。

【一審判決】

「被告人は、けん銃などを携帯所持して被告人と行動を共にし、専ら被告人の警護のみに専従しているスワットが、被告人の警護のために上京して被告人に同道し、被告人が都内を移動する際、被告人の警護のため被告人と一体となって行動していることを認識し、また、スワットの本件けん銃などの携帯所持は被告人のためになされており、被告人が指示しなくてもスワットが被告人の警護をするにつきけん銃などを携帯所持するものとの認識を有し、それを認容していたものと認めるのが相当であるから、被告人が本件けん銃等の携帯所持に関し具体的な言葉の指示がないことをもって共謀がないとは言えない」として被告人を懲役七年に処した。

【二審判決】

「被告人が、スワットに対して直接けん銃を携行しての警護を支持していなかったとしても、スワットのけん銃所持がまさに被告人の警護を目的としており、けん銃を所持しての警護を継続させるかどうかは被告人の意思に係っているのであるから、被告人がけん銃を携行したスワットによる警護がなされているものと認識し、けん銃所持を認容してスワットと一体として行動している前記のような事実関係の下においては、被告人がスワットと共謀の上で、本件けん銃等を所持したものと認めることができる」

【最高裁判決】

「スワットは、いずれも被告人を警護する目的で実包の装填された本件けん銃を所持していたものであり、被告人もスワットによる警護態様、被告人自身の過去におけるボディーガードの経験等から、スワットが被告人を警護するため、けん銃等を携行していることを概括的とはいえ確定的に認識していた。また、被告人はスワットにけん銃を持たないように指示、命令できる地位、立場にいながらそのような警護をむしろ当然のこととして受け入れこれを容認し、スワットも被告人のこのような意思を察していた。

被告人はスワットに対してけん銃を携行して警護するように直接指示を下さなくても、スワットが自発的に被告人を警護するために本件けん銃等を所持していることを確定的に認識しながら、それを当然のこととして受け入れて容認していたものであり、そのことはスワットも承知していた。そしてスワットは被告人の警護のために本件けん銃等を所持しながら終始被告人の近辺にいて被告人と行動をともにしていたものであり、彼等を指揮命令する権限を有する被告人の地位と、彼等によって警護を受けるという被告人の立場を併せ考えれば実質的には、まさに被告人がスワットに本件けん銃等を所持させていたと評し得るのである。」

として、スワットのけん銃等の所持について、被告人に共謀共同正犯が成立するとした。

【裁判官深澤武久の補足意見】

私は法廷意見に賛同するものであるが、罪刑法定主義との関係において、共謀共同正犯の成立については、厳格に考えるべきであるという立場から意見を述べておきたい。

一　本件は、被告人を組長とする組の組員三一〇〇余名の中から被告人の警護のために選ばれた精鋭の者が、けん銃等を所持して被告人を警護するために行われたものであって、被告人は組長としてこれら実行者に対し圧倒的に優位な支配的立場にあり、実行行為者はその強い影響の下に犯行にいたったものであり、被告人はその結果、自己の身辺の安全が確保されるという直接的な利益を得ていたものである。

本件犯行について、具体的な日時、場所を特定した謀議行為を認めることはできないが、組長を警護するためにけん銃等を所持するという犯罪行為を共同して実行する意思は、組織の中で徐々に醸成され、本件犯行当時は、被告人も警護の対象者として、実行行為者が被告人のためにけん銃等を所持していることを概括的にではあるが確定的に認識して犯行場所ないしその付近に臨んでいたものである。

二　被告人と実行行為者間に、上記のような関係がある場合、具体的な謀議行為が認められないとしても、犯罪を共同して遂行することについての合意が認められ、一部の者において実行行為が行われたときは、実行行為に直接関与しなかった被告人についても、他人の行為を自己の手段として犯罪を行なったものとして、そこに正犯意思が認められる本件のような場合には、共謀共同正犯が成立するというべきである。

【寸評】

共謀共同正犯は個人責任の原理に反しており、罪刑法定主義からも認めるべきではないという学説に強く惹かれ、これを認める判例の傾向に抵抗感をもっていた。さて自分が判断する立場になると、理論的な立場をつらぬいたのでは、事案の解決に相応しくないといわざるを得ない事案があった。事実のもつ重さを軽視できないのである。共謀共同正犯の理論によって被告人に責任をみとめなければ正義、公平がたもてない事案があるのである。事実のもつ重さ、正義と公平を求めるために事実のもつ重みが理論を乗越えさせるのである。それにしても共謀共同正犯が限りなく拡張的に解されることには歯止めをかけなければならないそのような気持ちからこの補足意見を書いた次第である。

おわりに

平成二一年五月に実施された裁判員裁判も経験を重ねて問題点や検討すべき点が指摘されている。事実認定から量刑まで裁判員が関与することが良いのか。被告人の立場を考えると少なくとも量刑は職業裁判官が積み重ねた知識と経験に基づいて行なうべきであるという意見は検討に値する。

法テラスの運営についても工夫が求められている。

法曹養成についても法科大学院間に格差が生じ、その調整が語られている。

法曹人口についても当初予定した合格者数の検討をせざるを得ないなど司法改革の道は険しく遠い。

このような状況で法曹界に優れた人材を得るためにはどうしたらよいのか。私は在官中司法改革をめぐる日弁連と最高裁のスタンスの違いを見ることがあったが積極的な発言は控えてひたすら職務に励んだ。

そのため、いまさら司法改革について発言する資格はないように感じている。

しかし、法曹をめざす若い人や若い法曹になんらかのシグナルを送りたいと思っていた。

退官して自由な時間が多くなった。意に添わない仕事は断り、趣味の時間も多くなった。現職時の多忙を考えると夢のような日々である。

しかし多くの同期の弁護士が第一線で活躍しているのをみるとこれで良いのかという思いを抱いていた。

おわりに

母校中央大学の学術研究団体連合会に属する玉成会に関係が深くなり、若い人たちとの交流の機会も多くなった。弁護士～裁判官そして弁護士という経験で得たものを若い人に伝えたいと思いながら原稿を綴ったものの、時がたつにつれて司法界にも、新たな問題が次々と生じ、自分の体験に現代的な意義があるのであろうかと消極的な気持ちが強くなっていった。そのような時、堀川日出輝・下谷収弁護士にそんな気持ちを話したところ、両君から出版をすすめられ前向きな気持ちになった。

野村吉太郎弁護士には出版の段取り、校正などすべての面でお世話になった。

また、これまで私を支えてくれたすべての方々、家族、事務所のスタッフにも深くお礼を申しあげる。

平成二三年二月

深　澤　武　久

〈著者紹介〉

深澤武久（ふかざわ　たけひさ）

1934 年生まれ　静岡県

1957 年中央大学法学部卒業、1961 年弁護士登録（東京弁護士会）

東京弁護士会会長、日本弁護士連合会副会長

司法研修所刑事弁護教官、渋谷簡裁司法委員

法制審議会委員、法務省人権擁護推進審議会委員

品川区教育委員会委員

2000 年 9 月最高裁判事就任（弁護士名簿登録抹消）

2004 年 1 月退官　弁護士登録（東京弁護士会）

法廷に臨む

2011（平成23）年 3 月30日　第 1 版第 1 刷発行

8579-6-013-010-025-025=3600e

著　者　©深　澤　武　久

発行者　袖山 貴・稲葉文子

発行所　株式会社 信山社

〒113-0033　東京都文京区本郷6-2-9-102

Tel 03-3818-1019　Fax 03-3818-0344

笠間来栖支店 〒309-1625 茨城県笠間市来栖2345-1

Tel 0296-71-0215　Fax 0296-72-5410

笠間才木支店 〒309-1600 茨城県笠間市才木515-3

Tel 0296-71-9081　Fax 0296-71-9082

出版契約 2010-10-8579-6-01010

Printed in Japan, 2011, 深澤武久

印刷・ワイズ書籍（本文・付物）　製本・渋谷文泉閣 p.200

ISBN978-4-7972-8579-6 C3332 ¥3600E 分類 50-324.025-a001